U0017594

內在黑洞

薩提爾帶你走過人生的困頓，與自我和解

李崇義
朱芳儀——著

導讀

走進黑洞，於自己的內在找答案

陳志恆／諮商心理師

這幾年，薩提爾的對話盛行，我的專長不是薩提爾，卻有些機會親見以薩提爾模式為基礎的對話帶來的震撼力。當內在渴望被觸及的那一刻，不僅當事人，旁人都為之動容；更深刻體悟到「山重水複疑無路，柳暗花明又一村」的境界。

許多人終其一生為各種煩惱所困，舉凡親子、婚姻、職場、課業、金錢、健康等，都可能是煩惱的來源。對一般人而言，這些煩惱沉重、惱人、甩不掉，放著不管，還來糾纏。

於是，我們使出各種招式與煩惱纏鬥，每每敗下陣來，直覺已經山窮水盡、無能為力了！我們掉進黑洞中，看不見光，不知道如何走出來；然而，就在薩提爾的對話引領下，看見了新的可能性。

這是如何發生的？我的理解是，只要連結了內在渴望，就能從死胡同裡找到新的出路。也就是說，其實答案都在你我的內心，你得向內探索，才找得著。

這幾年來，我受邀至「長耳兔心靈維度」開課，與崇義及芳儀有不少接觸。崇義內斂、沉穩，給人安定；芳儀熱情、親切，令人放鬆。我有機會搶先拜讀他倆合著的《內在黑洞》書稿，甚是期待！

書中談的是每個人在關係中常見的困擾，尤其是與身邊最親近的那一些人，包含父母、伴侶、手足、孩子等。你知道自己愛他們，但有時候就是因為在乎，反而難以拿捏相處的距離。

若你曾因此卡關，甚至認為根本無解，以為自己動彈不得，在讀了書中崇義老師的回信之後，也許會豁然開朗——根本不需要去改變任何人，你只要好好關照自己的內在即可。

書中談到一個案例，母親見孩子表現好，想給予稱讚，無奈孩子並不接受，還認為「我沒那麼好」，令母親感到很挫折。

我這幾年大力推廣「正向聚焦」，遇過不少類似的家長，因為不想讓孩子在高壓責罰下長大，進而學習如何欣賞與肯定孩子，卻屢屢碰壁。有孩子會回說：「拜託，不要這樣稱讚我好嗎？我沒有那麼好啦！」

有位媽媽問我，該怎麼辦？

我問她：「聽到孩子這麼說，你的感覺是什麼？」

她告訴我，有些挫折，有些失望。我又問，挫折什麼？失望什麼？她說，希望孩子是在被讚賞下長大的，能夠更有自信。

「那你呢？你曾被讚賞或肯定過嗎？」我問。

「怎麼可能？以前我的父母不會稱讚我，沒被罵就很好了！」她連忙說。

我接著說道：「以前的你是被罵大的，現在你希望給孩子不一樣的體驗，這是為什麼呢？」

「我希望孩子不要像我一樣沒自信呀！」

「所以，你努力學習新的方法，對孩子很用心呢！」

她擺擺手：「沒有啦！老師，請不要這樣說我，我沒那麼好啦！」

「『我沒有這麼好』這句話，是不是很熟悉？」

我試圖引導她去看見，她和自己的孩子一樣，都難以接受別人的稱讚。她坦言，她確實常常批判自己，也不太喜歡自己。或許，她需要先學會欣賞自己，發現自己的美好，才有能力真正地欣賞與肯定孩子吧！

這個議題談的是「自我價值」的黑洞，書中有更精彩的論述，原來我們要做的，不是設法改變別人來符合自己的期待，而是向內連結自己，自己給自己愛。

我喜歡《內在黑洞》這本書，整理出十個相當生活化的議題，兩位作者透過平實易懂的文字，讓讀者不只頭腦理解，內心也有體驗。邀請你也來趟走進黑洞、向內找答案的探索之旅。

目錄

CONTENTS

前言

生命的題型不斷改變，該怎麼解？

文／朱芳儀

某天一大早，我收到了崇義老師的信，他邀請我與他一起寫一本書。

當時，我正準備到小孩的學校擔任志工，匆匆打開信件，快速瞄一遍，接著就出門忙碌去，將手機放在口袋裡。

口袋沉甸甸的重量確實存在，但輕飄飄的喜悅，感覺很虛幻。

因為寫點文字，一直是我喜歡的事。

從小，我最喜歡的考試科目就是作文。因為它不用準備，而且一定有分數。對於一個懶學生來說，投資報酬率很高。

長大以後，尤其是有了部落格、臉書，我更喜歡分享生活，尤其是那些有趣的部分。生活苦的滋味比甜的多，偶爾來點讓使人嘴角上揚的文字，我十分樂在其中。

但寫書，是我想都沒想過的事。

崇義老師身上有除了有我羨慕不已的執行力、不怕失敗的勇敢，也是這樣一個不吝惜給機會、願意包容他人的人。

怎麼說包容呢？

我雖然愛寫，但懶人的本質依然，也常被柴米油鹽的瑣事牽絆，拖延了進度。崇義老師會催促我，但語言和文字總是輕輕的溫柔。

這讓我理解一件事，那就是，當一個師長、上司或是父母，其實不需要大聲指責，需要的是包容。包容是很有力量的，這讓我意識到——自己該努力了，然後推著自己打開電腦，化身為「高麗菜菜子」，開始敲鍵盤。

一路上或許有不看好的意見，但崇義老師依然堅持這個規畫，看在我眼裡、心裡，更是感動。這個人沒有放棄我，那我更不該放棄自己。

回頭看看一路以來的生活，我認為自己很幸運。所謂幸運，並非所有的路都是平順；那些顛簸，也是一種幸運。我平安出生、長大，擁有自己的家庭，然後當了「媽媽」。最幸運的是，「媽媽」這個身分讓我挫折連連。

怎麼說呢？就是因為這些自己以為的失敗，還有焦慮、惶恐不安，推著我走進課堂，我才有機會重新面對自己。

一個新生命來到面前，我是一個必須要有創造力的角色，我得看看自己身上有什麼素材可以創造。生命中的這些困難與迷失，使我重新找尋自己，邁向學習。

在學習重新認識自己的路上，我太明白一種感覺。那就是每當上完課之後，能量滿滿、自信爆棚，覺得自己一定可以。接著回到現實，被打得落花流水、打回原形。就像學到了一個很厲害的數學公式，但遇到題型一變，就不會解了。此時很容易會開始懷疑自己，到底是不是真的學會？我有往前進嗎？

我自己的學習與實踐路程是如此，而這四年有幸在工作坊裡成為一個陪伴者，我看到其他人的歷程也經常如此。

生命的韌性如此強大而美麗。跌倒，站起來，又跌倒，又站起來，在站起來的過程中，有時候我也會賴在地上，消沉一陣子。這時候真的很需要旁邊一雙有力的手，稍微拉一把，讓我不至於倒地不起。

所以當老師邀請我一起書寫時，我極希望可以分享這個歷程。

被現實的挫折衝擊，這是一個必經之路。那些跌倒的疼痛，還有對自己的質疑和徬徨，在這裡都有人懂。我們雖苦，但都不是孤單的。最美麗的是，這些苦的背後，都有一份不甘心、不願就此停止的堅持，需要的是一雙溫暖的手，拉我們一把。這雙手可能是一句同理的話，或是一個故事。

生命是最會說故事的大師，不管是學習夥伴的故事，或是我自己身上的故事。這些故事不斷地見證生命力的存在、愛的存在，改變真的是有可能的。

在課堂裡看著大家用眼淚洗滌生命，無論多黑暗困難，都想爬出去找裂縫裡的光，真的如薩提爾（Virginia Satir）女士所說——每個人都是獨特生命力的展現。

所以，我將之記錄下來，想與大家說一說。

在很多時候，「劇情」彷彿已經走到死巷裡，看起來似乎「此題無解」，彷彿前面有一堵翻不了的高牆。藉著這些看似走投無路的情節，與崇義老師展開深刻對話，我發現，是有機會把道路拓寬的。

有時候，困難只是因為頭腦認知的路僅有一條，如果可以安裝新的迴路，也順便看看自己身上有什麼工具可以用，就有機會破解卡關。

在崇義老師的回答裡，常常有「哇，原來可以這樣喔」的驚嘆。

回頭看，在自己身上也常常有「喔，原來我可以這樣喔」的奇蹟。

其實，不論有沒有發現，真的很多不可思議一直在發生。

前言

成為那道引領的光

文／李崇義

年輕時的我，有著許多叛逆因子，常常不喜歡按照這個世界的節奏來調整自己的步伐，雖然偶爾覺得特立獨行感覺良好，但還是有很多時候陷於迷茫、進退維谷的抉擇之中。所幸在我高中時期就有提筆寫信的習慣，當年還會趁著寒暑假期間，與同學遣鴿往返，聊述生活無奈。

到了大學時期和當兵期間，我也有幾個頻繁往返的筆友，有些甚至從未見過一面。當時憑著好玩與紓解壓力，寫了不少的信件，至今還堆疊在陳舊書報之中。回想起來，每一次收到信件，我仍感到興奮。每每躡手躡腳拆開信封，抽出格子狀的紙張，到後來流行香水信紙的年代，淡淡的撲鼻香已經成了一種記憶。

當原先的傳統郵件，漸漸被電子郵件給取代，雖然開信仍帶著一份喜悅，但是那些雀躍的心情不若往年。我再也沒有機會透過郵件找人傾訴，只能在煩躁苦悶的時候給自己斟上一杯烈酒，靜靜陷在沙發上沉思。

有時候很羨慕電影橋段，銀幕裡的人找到一個可以專注傾聽的對象，讓自己心裡的苦水有地方傾倒，甚至得到解惑。像是我很喜歡麥特・戴蒙（Matt Damon）與羅賓・威廉斯（Robin Williams）合演的《心靈捕手》（*Good Will Hunting*），麥特・戴蒙這個叛逆天才少年衝撞著帶著智慧的心理師羅賓・威廉斯。尤其因為受到麥特・戴蒙語言刺激，羅賓・威廉斯把麥特・戴蒙喚至湖邊談話的一段。

由羅賓・威廉斯扮演的心理師說：「我因為你說的話曾經半夜睡不著覺，但我後來想開了。

「你只不過是個孩子，你懂什麼呢？

「如果我與你討論藝術，你可能會拿出一堆你看過的藝術書籍，我猜想你可能會知道米開朗基羅（Michelangelo）的作品、性傾向、政治意圖，但你從未站在西斯汀大教堂底下抬頭瞻仰美麗的教堂穹頂。

「與你談論戰爭，你可能會引述莎士比亞（Shakespeare）的故事，但你從未親臨戰場，你沒有體驗過最好的朋友在你腿上嚥下最後一口氣的場景。

「如果談論愛情，你可能會引用十四行詩來歌頌，但你不知道那種看著你心愛的人而無能為力的樣子，你也不會知道上帝為你打造了一個專屬的天使，她專門前來救你於苦難之中……」

這個橋段深深打動了我，彷彿我就是那個玩世不恭的孩子，自以為天地都在我股掌之間，但我其實什麼也不懂，因為時值年輕，根本沒有太多的人生體驗，哪來這麼多傷春悲秋？

我常常想著，如果真的有這麼一位心靈導師可以與我談談話，我的人生勢必會獲得很大的精神鼓舞，在我失落、低潮時期，無條件地接住我。

沒想到，打從我回台灣學習並且推廣薩提爾模式之後，陸陸續續就有不少人在課堂間，或是透過郵件、私訊來詢問問題。看著每一道人生課題，我感嘆這個世界上仍然有許多人深陷各式各樣的傷痛與黑洞之中。

要能夠讓人走出黑洞，我勢必要成為那道引領的光。

慢慢的，我發現有愈來愈多人趨光前來，想要找尋他們人生的方向。與此同時，工作上的夥伴「高麗菜菜子」（書中亦簡稱「菜菜子」）也偶爾會向我提問，諮詢我對於各式議題的不同看法。

菜菜子詢問的問題，也是許多人會碰到的課題，包含姻親家庭間的壓力、伴侶之間的衝突、青少年網路成癮、自我價值不足、是否仍要孝順、如何與家人和解、高敏感人覺察的痛苦、兩性平衡等等。這些與我先前遇到的問題有許多相似之處。

菜菜子的文筆甚好，幽默中又透露著發人省思的哲理。為了讓這些課題有更好、更完整的回應，我邀請菜菜子將她遇到的問題逐一分類記錄，方便我透過喜歡的書信方式系統性地回答，或許這也能夠讓更廣大的讀者找到自我療癒的方向，間接照亮那些深陷黑洞的困頓心靈。

我不是心理師，但我或許可以成為一個警世醒鐘，在你迷惑困厄的時候，從不同的角度與你談談該怎麼繼續人生的道路。閱讀菜菜子提問的同時，你也能藉機搭個便車，看見對自己有幫助的隻字片語。在天色極黑的子夜、在溼漉漉的陰雨天、在沙塵蒙蔽的日子、在寒風吹拂的時分，希望某些文字能夠帶來一絲穿越黑洞的曙光。

關係壓力的黑洞

過年與過節

我們長久以來因要符合家庭、社會的標準，
為求生存，常常會被群體期待制約，導致我們連自己的感受都拋棄了，
這正是我們無法連結自己的重要因素。

親愛的崇義老師：

當年紀脫離了開心等領紅包的那個瞬間，忽然了解「新年快樂」不是一種祝福，而是相互勉勵的話，類似要去高空彈跳前，大家互相加油祈求彼此平安度過那樣。節慶時分，努力維持平靜和快樂，有時是需要一些力氣的。

有句諷刺但又貼切的話是這樣說的：「與有過節的人過節。」不管是自己的家人、因婚姻而出現的家人。過節，是一個硬生生把大家綑綁在一起的時間；過節，需要許多的修練、智慧。平安存活下來之後，也需要好多的修復。

早在一個月前，我的閨密好友已經「超前部屬」，沉浸在過年的焦慮裡。與婆家不合拍的飲食習慣、與小叔孩子不同的作息時間、怕大家「關心」起全職媽媽何時要回職場……太多過往經驗左右著她的內心小劇場，使她終日不安。

不安也就算了，她最吐血的是，看著先生回到婆家瞬間轉換成「兒子」的角色，她生氣失落又哀傷，這個最愛的人彷彿也陌生了。

先生看出太太的焦慮不安，擠出安慰的話：「一年就這幾天，忍忍就過了。

「不想煮飯，我們叫外食。

「我爸從以前就這樣啊，不是針對你啦！

「小孩作息和飲食，回來再調整就好。

「過年後我們再去走走散心，好嗎？」

即便先生已經使出畢生學會的招數，太太依然烏雲罩頂。每年這樣煩一次，先生其實壓力也山大。

讓她更傷心的是，即便這年頭女性意識抬頭，有些主張「過年可以回娘家」的朋友，都大張旗鼓、革命成功地回娘家過年了，但她……不行。因為爸媽傳統的觀念，覺得嫁出去的女兒初二前出現在家裡會帶來霉運。她革命的火苗連點燃的機會都沒有。

這段外面熱鬧的節日，凸顯了她內心的孤單。在這個「家」裡，她卻哪裡都擠不進去。這是「家」的樣子嗎？

＊＊＊

親愛的高麗菜菜子：

你說的狀況我一點也不陌生，我猜這也是很多家庭經常上演的戲碼。其實除了過年過節是一個壓力引爆點之外，婚姻裡雙方家庭或多或少會帶給彼此不同的課題。光是婆媳之間的相處，對很多人來說就是千古無解的難題，更不用說那些因為經濟不平衡、兄弟姐妹爭奪資源，或是家中有重病傷殘需要特別照顧的家庭內戰了。

關於家庭內戰，我想先舉出幾個曾經遇見過的例子，再來談談身為好友，我們可以如何傾聽與回應朋友的課題。

家庭內戰戲碼

說到華人過節的焦慮，在西方社會裡可能也有類似的情況。

我曾經有一次收聽加拿大的廣播節目，時值聖誕節前夕，電台主持人述說著聖誕佳節很多家庭都會團聚，有時候很溫馨、歡樂，但有時候仍會有格格不入的情況，並邀請大家現場 call in 談談這個長假，是怎麼與家人度過的、有哪些有趣的事，或是無法與家人相處而覺得痛苦的。

有一位女性聽友打電話進來，她叫 Christine，要分享與家人不合的事。

主持人說：「那聖誕節如果要一起過就很不舒服了，對吧？」

Christine 答：「沒錯。」

接著，Christine 開始敘述她的故事。

「有一年，我先生的爸爸從很遠的地方開車過來找我們過節。他住的地方離我們家大概要開十五個小時的車。

「我記得那一天，他爸爸剛到我們家，就大剌剌地坐在沙發上，喝著我家的啤酒。他自己喝啤酒也就算了，結果他竟然拿啤酒吆喝，讓我家的狗舔著瓶口。我看到那一幕，真的覺得他很誇張。於是，我對他大聲說：『你在做什麼？』

「他爸爸還一派輕鬆，說要給狗嚐嚐看啤酒的滋味。

「我的天啊，這樣太不衛生了，而且狗不能喝酒。結果他爸爸大聲地回我：『這是我的啤酒，我愛給誰喝就給誰喝。』

「我聽到以後，不甘示弱地回他：『這是我家耶，你可以尊重我一下嗎？』

「結果他爸爸聽完很不高興，罵了我幾句以後，就氣沖沖地拿了鑰匙，再開十五個小時的車回家去了。」

我想像著，一個年邁的父親開了十五小時的車來與兒子的家人聚會，然後氣憤地與兒媳婦吵了一架，又開了十五小時的車回去……想必那個父親的心裡不好受，而Christine也覺得很冤枉和委屈，更不用提那沒出現在畫面裡的先生了，作為夾心餅乾的他，肯定裡外不是人。

看起來東方和西方的節日裡，總是有一些黑洞干擾著我們，如果不是因為成年人要承擔的「關係壓力」較大，否則小孩子總是盼望著這些節日到來的。摒除人際關係的複雜，那些歡樂的畫面，多半會帶給孩子一輩子的回憶。

夫妻之間，往往牽連的不只是兩個人，而是兩個家族。

我曾聽過一位年輕女生說她對於婚姻的前提，是希望找到一個經濟條件不錯，但最好與父母相隔遙遠，甚至父母不在世的男生，因為她不想與男生的家庭有任何的糾葛。只不過，這個女生應該沒想到，所謂的糾葛其實也有可能也是一種助力，不光是經濟上的幫助，更有可能是情感互動帶來的良性循環。

我有一個朋友小琳，因為學歷不錯，工作能力也強，曾在外商公司當上高階主管。到了四十歲的那一年，她決定後半人生為自己拚搏，所以辭去了薪水優渥的工作，專心經營自己的臉書粉絲專頁與YouTube頻道。衝高流量後，她開始做代購。

小琳的先生很支持她的作法，也願意在幕後幫忙，舉凡攝影、剪接、聯絡廠商都是先生運籌帷幄，兩人做得有聲有色。

小琳從小在單親家庭裡長大，所以對於自己想做的事總是勇往直前，這也造就了她獨立、勇敢的性格。她幾乎很少尋求家裡的幫助，也不曾向夫家要求過什麼。然而小琳的先生就不大一樣了，他在家裡排行老三，也是唯一的男孩子，父母親觀念傳統，一方面希望兒子出人頭地，二方面也希望小琳低調一些，不要一直在螢幕前主導事業。

後來，小琳的事業慢慢有了起色，她的粉絲數逐漸增加，代言或是接受贊助的商品也愈來愈多，很多時候她會在鏡頭前侃侃而談自己這幾年來創業的艱辛，與觀眾多一點互動。只是這個時候，公公和婆婆時不時就會釋放出一些訊息，說女孩子家要謙虛一些，不要在鏡頭前強調自己多厲害，這樣看起來會猖狂、自大。

小琳剛開始只是唯唯諾諾，但自媒體這條路唯有進入的人才知道，太過自謙就沒有辦法吸引到網友的注意，所以她還是按照自己的步伐來操作。直到某一次小琳與公婆聚會，她才明白，原來公婆在意的是他們唯一的兒子完全沒有出頭的空間，怎麼會都是這個媳婦出頭呢？好歹也把光環多給自己的先生，不要老是覺得自己一個人就能扛起所有事業。

小琳當然明白先生給了很大的幫助，先生也很樂於在幕後不出聲，但是公婆對此說法並不買單。因此，小琳愈來愈不願意與公婆打交道，反正她也不欠夫家任何東西。

「如果有可能，你希望自己與公公婆婆好好溝通嗎？」我問小琳。

「當然啊，但他們太老古板了，很難溝通。」小琳回覆我。

「你先生怎麼說？」

「他很支持我啦，當然是希望我不要與他爸媽太計較，但他也說服不了老人家。」

「那你知道公婆要的是什麼嗎？」

「希望我低調啊，其實是希望他們的兒子取代我的位置，讓我變成幕後，他們兒子走幕前。但這根本不可能啊！」

「嗯，那有什麼折衷的作法嗎？讓你先生也有機會曝光？」

「我先生不想曝光耶。」

「那有沒有一種方法是可以不曝光你先生，但又讓你公婆覺得你很在意和重視他們的方法？」我好奇。

我們的對話談到這邊，小琳說會好好地思考一下。

傳統的家庭觀念是男主外、女主內，即便夫妻兩人有自己的共識，無奈的是長一輩的父母卻不一定認同。實際上，我也認為這不是一個真正的議題。

在薩提爾模式的冰山框架裡，「渴望」是每一個人都嚮往追求的方向。在人類的渴望中，大多數的人都希望被關注、認同，所以公婆表面上希望兒子能夠主導夫妻倆的事業，實際上，他們想要的是能夠被連結「關注」與「認同」的渴望。

如果我們更理解每個人的內在渴望，那麼外在的行為就有可能做出一點調整，去試著連結每個人的內在。

小琳後來在直播或發表的文章中偶爾會提到，感謝先生在幕後幫忙她攝影、剪輯、接洽外來的邀約，她甚至也謝謝自己的公婆支持他們夫妻倆的事業，同時也幫自己想了很多開發新商品的點子。

我很訝異小琳做出這樣的轉變。

小琳後來說她想開了，這其實是她自己的內在卡關議題。以前的她總覺得自己是獨當一面的人，不能讓外界看見她需要很多的幫忙，但與我談完話之後，她發現每一個人不見得是帶著惡意而來，只要我們能夠多讚美、肯定他人一點，無形之中自己也會受益於這個良善的循環。在她偶爾公開感謝先生與公婆後，就再也沒聽過公婆抱怨她了，更神奇的是，公婆還會主動在社群媒體裡留言，稱讚小琳一番。

身處於家庭壓力黑洞的小琳，原本以為這是一個難解的結，畢竟她的事業一向都是她作主，公婆的意見只是阻礙她前進的力量，但只要自己開始轉念，並且懂得看見公婆內在的渴望是什麼，那個黑洞的壓力自然慢慢就會消退。

傾聽與好奇

回過頭來，假設我們的朋友來向我們訴苦，如果可以的話，多運用傾聽的技巧來陪伴他們吧，我們就是朋友最好的傾聽對象。

宇宙中有個「弦理論」，按照這個理論的看法，所有物體都有共振模式，從樹葉到樹林，從湖泊到海洋，整個地球都有共振。聲音就是一種振動，聲波透過介質傳播，並且傳導到聽覺器官，它也是能量的釋放。

先不說談話的內容，光是從喉嚨開始發聲，就是讓身體內積壓的能量流淌出來。我們張開嘴發聲的同時，情緒的表達便會以聲音的方式展現出來，與聽者產生共鳴。

佛洛伊德（Sigmund Freud）也曾提到，當我們成功恢復創傷事件的記憶，並激發伴隨的情緒，盡可能地描述事件細節、將感受訴諸於文字時，創傷便立刻消失。

每一個事件，無疑會於我們的內在掀起或大或小的漣漪。如果可以引導朋友明確表達自己的感受，讓感受透過文字或說話的力量流動，這會活化我們的邊緣系統，使我們產生一種「同理」的作用。

相反的，忽視內在的聲音也會侵蝕自我價值、打擊自我認同，長期累積下來就是一種壓力。與朋友充分交流，可以避免能量滯留不動帶來的創傷效應。

菜菜子提到，閨蜜在過年前，內心就開始上演焦慮的小劇場。這時可以讓對方多敘述一些細節，就能先釋放掉一部分的壓力，接著，可以引導對方多說一些自己的感受，像是：

「你大概過年前多久就會開始焦慮了？」

「以前也會這樣嗎？什麼時候開始有這種感覺的？」

「除了焦慮，你還會感覺到別的嗎？例如生氣、緊張、煩躁、孤單或悲傷？」

「你看到朋友過年可以回自己的娘家過年，有什麼感覺？」

「當你向先生反應，先生回應你的時候，又有什麼感覺？」

多讓我們的朋友**正確辨識自己的內在感受，這就會開始啟動自我連結的第一步——覺察**。我們長久以來因要符合家庭、社會的標準，為求生存，常常會被群體期待制約，導致我們連自己的感受都拋棄了，這正是我們無法連結自己的重要因素。

一旦感受的大門打開了，我們就會很快地進入到內在世界裡一探究竟。比如對菜菜子的閨密來說，過年是什麼樣的日子？是否有一個圖像作為她的目標？所謂的目標並非指符合她期待的外在樣貌，而是在這個圖像底下，她內在嚮往的渴望是什麼？是能夠讓她自由，讓她感覺到安全，讓她感受到被認可，還是讓她有自我價值？

聆聽朋友陳述內在狀態的同時，也請留意觀察自己的狀態是否會隨著對方的語言而有任何的變化。有時候我們會不自覺想要拉別人一把，藉此證明我們存在的價值，但其實朋友最需要的是一種內在的關懷與支持，過多的「拯救者」姿態或語言，只可能造成反效果，讓對方帶來更多的壓力。

我曾看過一則短片，一對男女面對面坐著，女生一臉愁苦地對著男生說：「最近不知道怎麼了，我的頭總覺得脹脹癢癢的，睡也睡不好，吃也吃不下，感覺全身都沒什麼力量。穿毛衣的時候常發現毛線脫落，看東西的時候也覺得眼前有陰影。」

緊接著，女生轉過頭來面對鏡頭，赫然發現她的額頭插著一根釘子！

男生看著她額頭上的釘子，幽幽地說：「其實是因為你額頭上有根釘子的關係，所以你才會有這些不舒服的感覺。」

「與釘子無關啦。」女生微慍地反擊。

「怎麼會無關？我告訴你，只要把釘子拔下來，你就會舒服多了。」

「就說不是釘子的問題，你有沒有在聽我說話啊？」

「有啊，我有聽你說，所以把釘子拔下來就沒事啦。」

「不是釘子的問題，你根本沒在聽！」

「怎麼沒在聽，我的意思就是……」

男生還想繼續說服女生拔掉額頭上的釘子，但女生很不高興地打斷他。

「你看，現在就是沒在聽！」

男生愣了一下，看了看女生額頭上的釘子，想著既然你這麼說，那我就不解釋了。

「好好好，我聽，你說吧！」男生放緩語調，溫柔地回應。

女生緩緩地再次陳述了自己最近的身體狀況。只見男生看著女生，以及她額頭的釘子，然後以同情的語調對女生說：「嗯，聽起來很痛苦的樣子。」

「是真的滿痛苦的！謝謝你聽我說。」女生如此回應。

這是一則搞笑的短影片，但不難看出，很多時候我們其實不是在尋求一個答案或是幫助，純粹希望有人能夠傾聽我們、同理我們。即便對方什麼也沒做，只是好奇關心幾句，我們也會感受到無窮的支持。

所以面對好友陳述生活中的痛苦事情時，記得先調整自己的呼吸，讓自己先覺察內在，是不是感覺到煩躁、不安或是憂慮。如果我們能先發現自己內在的感受，記得先看見、承認、允許與接納自己的感受。接下來專注聆聽對方的故事，不明白處可以重複句子來核對，最後好奇對方在遇到這些困難時的感受是什麼、又是怎麼走過來的。

好的傾聽不用給予任何建議，那就是一種全然的接納，不帶任何條件。
當我們對好友可以這麼做，對自己家裡的長輩也可以如法炮製。

走出內在黑洞

面對家人朋友抱怨、嘮叨或訴苦時，記得多一些傾聽，少一些建議。孟子云：「人之患，在好為人師。」當多數人都在給建議、提供方法時，不但不會帶來實質的幫助，反而徒增當事人心煩而已。我們可以掌握幾點：

- 多覺察自己的內在感受，辨識自己是否正在生氣、焦慮、委屈、煩躁、擔心、害怕或是難過。這個時候告訴自己：我看見我的情緒了，我願意承認、允許、接納自己的這些情緒。
- 傾聽對方的故事，核對有哪些令對方不舒服或是心煩意亂的關鍵點，也可以核對對方的內在情緒是什麼。只要認同他的情緒即可，不需要為他的情緒辯駁或是解釋。
- 好奇對方那些情緒是不是頻繁出現，或是那些情緒存在多久了。真誠地理解一個人身處的黑洞長什麼樣貌，就是最好的同理。

自我價值的黑洞

我真的夠好嗎？

我們明明在這個過程中不斷努力與堅持，對於自我的認同卻遠遠不足⋯⋯
其實這與我們平常讚美的方式也有關，
因為我們的讚美多是圍繞著「結果」而來，並非「過程」。

親愛的崇義老師：

有些朋友看到我寫字，會稱讚我的字好看。但我近看、遠看、倒著看、單眼看、瞇眼看，都不覺得好看。彷彿我們在看不同的東西。

朋友說我何必謙虛，我才覺得他們眼睛有問題，並繼續保持假裝接受的微笑。而且「墨菲」得很，每當有人在旁邊稱讚我寫字好看，十之八九，下個字馬上寫錯。內心一陣慌張，好像我不應該、不配得。

怎麼會這樣？

前幾天與女兒聊天，她報告著她的成績。

她的成績比上次考試進步許多，因此得了進步獎。我聽完也十分替她開心，她真的好努力。

我問她：「進步這麼多呢！你開心嗎？」

她給我一個青少年的標準回應……聳聳肩。

我心底升起了疑惑，又問她：「你有覺得開心嗎？」

她又聳肩，吐出一句：「我不知道有什麼好開心的。」

我不死心地繼續問：「你覺得自己有什麼地方做得好嗎？」

女兒說：「我真的不知道我哪裡做得好。」

我一方面疑惑，一方面也忽然發現，女兒好像我自己。

在薩提爾模式中，隱喻的冰山底層是「自我價值」，但我總覺得這東西玄得很，看不見、摸不著，也不像手機電量總有顯示。

或許是因為從小背得很熟的那句：「滿招損，謙受益。」欣賞自己總是帶點不安，很怕自己只是「自我感覺良好」。

記得崇義老師常這麼問夥伴：「你是用頭腦回答我？還是這裡？」（手放在胸口）

老師總是再三確認——「你」是真心相信嗎？

在工作坊、課堂上、私下練習的時候，稱讚夥伴總是容易。

但回到家稱讚孩子，內心的擔憂總是暗暗爬上來，怕他變得太臭屁。

至於伴侶？那更是不能稱讚、不能稱讚、不能稱讚（得強調三次）。做得好是應該的，怕的是對方志得意滿，爬到我頭上。

關係中，漸漸只剩指責的時候才開口。雖然不舒服，但久了也習慣了。想改變，又覺得彆扭，對方更是武裝了起來。然後，我開始苦惱著溝通不良。

我做過幾次實驗，當孩子一臉懊惱，拿著考得不盡理想的分數來找我，任憑我怎麼說：「你已經很努力了，我欣賞你的努力。」

孩子依然哭喪著臉，不知道自己到底哪裡做得好。

崇義老師，該怎麼把自我價值填好填滿呢？

✦ ✦ ✦

親愛的高麗菜菜子：

我見過你寫字很多次，不論是在一般書信、筆記本，或是白板上的板書，對我而言都是工整、美觀、筆畫清楚不糾纏，但你聽我這麼說，會不會又興起了一種「怎麼可能呢？哪有這麼好」的想法？

我看過很多人一輩子努力奮鬥，也達成了很多目標，卻怎麼樣也無法認同自己就是一個成功的人，這或許與我們小時候被對待的經驗有關。

好萊塢巨星阿諾．史瓦辛格（Arnold Schwarzenegger）有一部紀錄片，敘述他從小就受到父親的家暴，導致他立志要離開家庭，逃離他童年所在的奧地利。阿諾在健美事業上獲得了巨大的成就，也入籍美國取得公民身分，八〇與九〇年代的動作片讓他紅透半邊天。然而在父母相繼過世時，他不禁悲從中來，因為這一切的成就，父母再也看不到了，努力又為了什麼呢？

從第三者的角度，我們應該不會否認阿諾的成功，然而他的內心曾經這麼落寞、無力，彷彿再多的外在成就都無法填補那個「不足」的黑洞。

我想來談一談我們是如何看待自己努力的過程，並且可以回到當下享受這些體驗；當別人讚美我們時，我們可以怎麼回應，以及換作我們讚美他人時，又可以怎麼做。

先看見自己的努力

很多年以前，我在工作坊裡遇到了一個學員美月，約莫六十幾歲，在課堂休息時跑來問我：「你們兄弟之間這麼多年的衝突，是怎麼和解的？」

對於這一類問題，我已經不陌生了，過往我會簡單給予一個答案，但這次我選擇了另外一個問話的路徑。

「美月，你的生活經驗裡面也有衝突的議題嗎？」

「當然有啊，每天都會發生啊。」美月挑著眉，很快地反應。

「每天都會發生啊，與誰的衝突是你最介意的呢？」我想了解美月真正提問的核心在哪。

「與我的先生吧。」

「你與你先生經常發生衝突嗎？」

「很常，昨天才大吵一架。」

「這樣啊，你昨天與先生吵架之後，有什麼感覺？」

「很複雜，這樣的生活有什麼意義呢？我們對於很多事物的看法都不一樣，我說的每一件事情他都不能認同。」

美月開始細數生活當中的瑣碎小事，甚至說到來上課都需要偷偷瞞著先生，若是挑明了說，她肯定會與先生爆發大戰。

很顯然，美月沒有聽懂我的問題。

聽美月訴苦了一個段落之後，我又重複了我的問題。

「美月，你說你昨天與先生吵架，在吵架之後你有什麼樣的感覺呢？你會感覺到生氣嗎？還是也有失落、悲傷，或是其他的感受？」

美月頓了一下：「當然生氣，不過生氣也沒用，日子還不是要過？」

我換了一個問題：「這樣的日子過了多久？」

「多久啊？我也不清楚，很久了吧，至少二十年了。」美月深深嘆了一口氣。

我看著美月的臉龐忽然鬆懈下來，眉頭彷彿往下沉了一公分。

「想到這裡，那是什麼樣的感覺？」我趁勢再問了一句。

「我覺得很悲傷。」美月緩慢地回答。

我點點頭，向美月示意我知道那樣的悲傷是什麼，接著對美月說：「我知道了，你除了昨天與先生吵架之後有這種感覺，以前也有過這樣的感覺嗎？」

「與我的兒子也是這樣。」美月突然這麼說。

美月繼續說道，兒子向來都不需要她擔心，過去在台灣一直都是頂尖學校的學生，現在也在美國矽谷擔任工程師。前一陣子，兒子打電話回來對她說：「媽媽，我之所以這麼沒有自信，都是你害的。」

美月說到這裡，又嘆了一口氣，提到她以前都會打孩子。孩子口中的沒自信，指的是美月在孩子小時候的打罵，讓他變得做什麼事情都沒自信。

「你怎麼回兒子的呢？」

「我就說以前我也不知道啊，又沒有人教我，現在來怪我，我覺得不公平。」

「兒子這樣說，你受傷了嗎？」

「我很受傷。不管我怎麼做，也都是為了孩子好，現在來指責我，我也很無奈。」

「美月，你的兒子在矽谷擔任工程師。我過去也在矽谷工作，就我所知，年輕工程師的年薪大概在十二萬到二十萬美金之間。與台灣的年輕人相比，平均收入高出許多。你栽培兒子今天有辦法在美國矽谷工作，你怎麼看待這樣的過程？」我說

「他的收入應該是美金十幾萬沒錯，不過那與我沒有關係吧，我又沒有做什麼。」

「你的意思是說，你兒子的成長過程與你沒關係是嗎？孩子是你帶大的嗎？」

「是我帶大的啊，但當媽媽不就是這樣嗎？」

「那你怎麼看待你當媽媽的這個過程？你曾經煮過晚餐給孩子吃嗎？」

「當然啊，我給自己的要求就是，每天晚餐一定要與孩子吃飯，因為我小的時候父母親比較忙碌，他們都沒有辦法陪我們吃晚餐。」美月說到這裡，語氣堅定。

「那你怎麼看這樣的自己？」

我想要確認的是，一個受到過去經驗影響的媽媽，堅持每天晚上一定要準備晚餐給孩子吃，這樣的媽媽如何看待自己，是不是會對自己產生尊重與欣賞。

「那沒什麼啊，媽媽不就是這樣嗎？這很理所當然啊！」

這是美月的回答。

「我媽媽就不是這樣，我的媽媽就沒有辦法做晚餐給我吃。」我插了一句話。

美月先是一愣，停下來思考我說話的脈絡。我發現美月的眼睛閃爍著淚光，接著說道：「你可能知道我的家庭背景，我的媽媽在我小學的時候就離家了，在家裡很難得吃上一頓媽媽做的晚餐。在我看來，堅持每個晚上要做飯給孩子吃，絕對不是理所當然的事，這是令人敬佩而且值得欣賞的工作。你做的事非常不容易，這難道不值得你欣賞自己嗎？」

我講話的語調緩慢而且堅定，看著美月的眼睛，我知道她的內在正在經驗這樣的美好。我了解作為一個媽媽需要承擔的壓力，若不是具有強大的意志力與堅持，她絕對不會走到今天這般光景。我要美月從內在就先欣賞、感謝自己存在的價值，一旦自己能夠打穩基樁，面對家人自然能有更多的坦然與力量。

這就是我們內在經歷的困難啊。我們明明在這個過程中不斷努力與堅持，對於自我的認同卻遠遠不足。這樣的觀點很有可能與我們小時候家裡的應對是有關係的，大人在對待我們的時候是以「結果」為導向，凡事只看成績，我們自然對於那些過程當中的努力不會這麼認可，或即便知道自己努力了，但結果不好又有什麼用。

透過不斷地練習，我們也可以從現在開始改變我們的語言架構，把指責與超理智的話語拔除，以正向的語句來回饋他人。

享受過程，存在就是價值

不知道多少人像菜菜子一樣，稱讚孩子的時候，孩子卻渾然不覺自己哪裡做得好，彷彿自己的彆扭來到了孩子身上。其實這與我們平常讚美的方式也有關，因為我們的讚美多是圍繞著「結果」而來，並非「過程」。

最近年輕人喜歡一個網路用語「GG」，總會說「你GG了」，意思是你完蛋了、遊戲結束了。然而，「GG」這個縮寫原本指的是「Good Game」。打完遊戲或比賽之後說「Good Game」，表示自己很享受這個比賽的氛圍，不論結果如何。

我父親在世的時候經常與我下棋，每次我回到台中的家裡，父親總是要找我殺個幾盤，除了切磋棋藝，還可以培養父子之間的感情。我們可以在過程裡暢談最近的生活，也會針對意見不同之處吐槽對方，我的落子處若是出乎我父親意料之外，他會不吝讚嘆「好棋」，這不意味著他喜歡認輸，而是代表他很能在遊戲當中盡興，享受腦力激盪的過程。

如果我們都可以享受這個比賽的過程，而不是把專注力放在最後的成績，我們會翻轉原本的「固定型思維」，變成「成長型思維」（請見第四十四到四十五頁）。

作為父親或母親的你，也會看重兒女在學業上參與的過程嗎？

在回答這個問題之前，你可以先問問自己，是否也看重自己做每一件事情時參與的過程，不會因為結果不好就否定自己呢？

如果你會受到結果左右，甚至否定自己。我會邀請你找個時間探索一下，這樣的思維怎麼來的，是不是受到以前父母語言、學校和社會教育的影響？

如果能看重過程，讚美兒女時，可以改變一下句型，轉換側重的語意，也許就會有不同的結果。

自我價值確實是薩提爾模式的冰山架構底下重要的一環，它不僅是我們的渴望，也是自我層次裡生命力的展現。

很多時候，我們的價值遠超出於自己的想像，卻不自知。

如何接受讚美？

當我稱讚你的時候，你可以不用相信我，因為那就是我的一種看法，以及我評論事物的一種觀點。這個觀點是我的，而不是屬於你的。只不過，如果我們在讚美他人的時候能夠更針對歷程來探索，就更會看見一個人的價值了。

還記得「龜兔賽跑」的故事嗎？這是《伊索寓言》裡的一個小故事，我們都已經耳熟能詳了。故事的寓意是要我們學習烏龜努力不懈的精神，不要像兔子一樣有了大長腿的天賦，卻傲慢輕敵，在賽跑途中打瞌睡，最後輸給了烏龜。

告訴我，聽完這個故事，你想要成為烏龜還是兔子？

我猜，絕大多數的人都想成為一隻「勤奮」的兔子。

即便這個寓言故事想告訴人們「努力」帶來的效用，但無形中也對努力貼上了一個標籤，好像只有那些笨拙、遲緩的人才需要用「勤能補拙」來彌補先天的不足，也彷彿只要多用一點策略，別在途中打盹，就可以得到勝利。其實，這所有的思維還是圍繞著「勝利」打轉。

這個思維正好呼應我小時候的困境，所有的讚美都只是為了讓我繼續拿到獎狀而已，不是讓我享受這個參賽的過程。

專注在結果、只想追求勝利的思維很有可能落入卡蘿・杜維克（Carol Dweck）博士提出的「固定型思維」裡。這會讓我們陷入世俗追捧的成功窠臼，無法在困境時擁有更好的耐挫力和韌性，找到壓力當中的樂趣。相對的，擁有「成長型思維」的人面對挑戰時會更加積極，壓力是激發創意最好的方式，這樣的人永遠都在享受過程，把每次的失敗都看作正向有趣的經歷。

過去的我，面對別人稱讚時也經常迴避，彷彿只要讚許過後就是苦難的開始。像是老師每次只要說我考試考得不錯，下一句就一定會接著說「下次繼續努力」。小時候的我經常參加演講和朗讀比賽，因為學校班級人數不多，得獎變成了家常便飯。每一次拿到獎狀，師長會稱讚我怎麼那麼厲害，可以經常拿獎。但只要我陣前失足，沒有獲得好名次，他們會要我下次不要再失誤了。那種隨之而來的壓力，讓我經常想著：「是不是可以不要再派我上場了？我不想參加了，可以吧？」

這種成敗才能論英雄的邏輯，使我幼年時就體會到「人是不可以失敗的」，唯有拿到獎牌才是唯一的道路，而且獎牌必須愈大愈好。這次拿了銅牌或銀牌，下次最好再努力一點，拿到金牌；拿到了金牌，最好以後都能這樣保持，不要再掉到第一名以外。

所以面對稱讚，我會不由自主地後退三步，祈求別再稱讚我了，否則那個壓力又要上身，渾身都不舒服。

後來我歸納有些人的症狀與我很像，面對到他人的稱讚，很容易產生幾種回應：

- 刻意忽略自己的付出：「沒什麼啦，那很容易啦，我不是什麼厲害的人。」
- 轉移焦點：「你有看到別人做的嗎？他們比較厲害啦。」
- 自我批評：「沒有啦，我還是做得很爛。」
- 道歉：「沒有像你說的那樣啦，很抱歉我做得還是不夠。」
- 轉而稱讚別人：「我有像你說的那樣嗎？你比較好啦，你看你做得更棒。」
- 否定：「最好是啦，你做得比我好多了，不是你說的那樣啦。」

不習慣接受別人讚美，很可能是從小養成的習慣，我們可以檢視一下自己是否也有一些過去的經驗，導致不習慣接受他人的讚美，深怕別人的讚美是客套話、虛情假意、語言後面隱藏惡意，或與我小時候的狀況一樣，讚美之後就是要我多付出，所以才會聽到別人的美言就要趕緊否認。

後來知道，那些語言背後的意圖是我多慮，或根本不關乎我的事，每個人本來就有他們看待事物的想法，**別人評論一件事情美好或醜陋，都只能代表他們自己的觀點，我不一定要認同。**

不過現在，當別人稱讚我們的時候，我們的內在是不是仍有一些衝擊呢？如果可以多一點覺察的話，把這些衝擊一個個記錄下來，看看這些感覺是從何時就開始出現的？是現在才有的狀況，還是小時候就會如此？這些內在的衝擊是純粹屬於我們自己的，不是別人的。如果能辨識這一點，我們就可以試著去靠近自己的這種感受，慢慢去接納這樣的自己，允許這些感受都存在著。

一旦我們能夠接納別人稱讚帶來的內在衝擊，就可以很簡單地去回應別人了。比如我們可以說：

「謝謝你。」

「我確實花了一番功夫，謝謝你注意到了。」

「聽到你的稱讚，我真開心。」

「感謝你的妙語如珠，我都還沒注意到這些細節呢！」

「我不習慣聽到別人讚美我，不過你的話讓我精神為之一振！」

讚美過程與細節

經常練習正向的話語，有助於改變我們的固定型思維，轉入更開闊的視野。而讚美他人的時候，記得不要針對結果來稱讚，而是針對一個人參與的過程，最好可以好奇他人為什麼會這麼做、他的思維是什麼。透過這種「發展差異」的方式，去釐清一個人的思考過程是如何運作的，有助於我們更加同理一個人，從其內在給予支持的力量。

有一次，我與太太回到她娘家吃飯，進到我岳父母家的時候，岳母正在廚房忙著當天要吃的晚餐。我和太太見狀，趕緊到廚房打了招呼，並把煮好的飯菜都端上桌。

當天岳母做了炒麵，搭配幾道拿手料理，看起來豐富美味。在碗筷、餐具都擺好之時，我們呼喚岳父出來用餐。

岳父從書房走出來，與我們打了招呼，接著看到餐桌上豐盛的晚餐。

「今天吃炒麵哦，讚哦！菜很香喔。」岳父讚道。

沒想到剛在廚房忙完，滿身汗的岳母卻絲毫不領情。

「假的啦。」岳母嘴角帶著一絲不屑。

岳母認為岳父的稱讚不是發自真心，所以她聽起來特別刺耳。

「你怎麼這樣？人家稱讚你還不接受。」岳父不服氣地說。

「哼，你是不知道人家在廚房忙整天哦，叫你幫忙也不願意，只有出來才稱讚有什麼好，還不是都假的。虛情假意，當然不接受。」岳母不甘示弱，發起牢騷。

眼看著二老的對話就要走入軍火庫，勢必會搬出更多的火藥，我只能見機行事介入他們之間的對話。

我夾了一口炒麵，咀嚼了幾下。

「嗯，今天的炒麵不太一樣哦。」

岳母聞聲轉過頭來看著我，帶著一點錯愕的眼神。

「怎麼了嗎？哪裡不一樣？」

「今天這個炒麵與外面賣的不一樣，沒有那麼油膩耶。」我說。

岳母聽到我這麼說，緩了一口氣，悠悠地說：「哦，那當然呀，油放太多不好，不健康。」

「嗯，不只沒那麼油膩，還有這個麵條比較短，是特意剪過的嗎？」我好奇。

「對啊，麵有剪過，因為你爸爸牙口不好，所以最好食物都切得小一點，才比較好入口。」

「哦，原來如此，難怪我看這個紅蘿蔔和肉絲也切得比較細，原來是顧慮到爸爸。那這個炒麵是不是有放洋蔥？吃起來特別香耶。」

我把炒麵當中吃到的食材都詢問了一遍，好奇岳母是怎麼炒出這一盤麵，是不是有哪些地方像是特意剪麵條一樣有不一樣的想法。

因為我的好奇，岳母緊接著開始闡述她炒麵的方法。

「哎唷，當然啊，要先放入洋蔥炒香，還不能用大火炒，要用小火，然後再把紅蘿蔔絲放進去一起炒……」

岳母通篇說了一遍炒麵的過程，我只是靜靜地聽著，像個初學廚藝的孩子，詢問一些炒麵的細節。她則是愈說愈起勁，彷彿找到知心人一般，終於有人了解她這一桌晚餐裡的用心良苦。

其實我根本不需要讚美她，只是欣賞她所經歷的過程，就會令她覺得備受矚目，認為我是最能理解她做菜用心的人。

看見一個人努力的過程，把專注在事件或「成功」的精力轉化成專注在一個人的特質上。這個人為何會做這件事？他一開始是怎麼想的？怎麼會有這樣的思考邏輯？在這個過程裡，他做了那些努力？這些努力與過去的作法是否有所不同？這些都是我們可以發掘的面向。甚至也可以說，**看見一個人努力的過程，就是一種成長型思維**。

而被看見的人，更會體驗到「過程」的價值，進而增加自己的內在價值。

家長們下次面對孩子的時候，可以試試這麼說：

「這次考試分數比上次分數高呀，你做了什麼不一樣的事嗎？」

「你的成績這次比較不理想呀，你會難過嗎？你在這科目上做了什麼準備呢？有遇到困難嗎？」

「原來你改變了讀書的方法呀，可不可以與我分享一下，你怎麼會想要改變的？」

「這個改變對你有影響嗎？喜歡這個改變嗎？」

把我們的重心放在孩子參與的過程裡，並且保持開放的心態，不要對他們的做法發出自己的評論，只要藉由好奇心，理解孩子的看法，並且把責任還給孩子，他們就會漸漸明白，在這條路上隱隱約約有著父母的陪伴與支持，也會自己想辦法繼續往前進。他們不會放棄，而那個不放棄並不是為了一百分而不放棄，是為了參與的熱情與吸收新知的有趣而不放棄。

尼可拉斯・凱吉（Nicolas Cage）在電影《絕地任務》（*The Rock*）裡有一幕令我印象深刻。他飾演一位生化武器專家，負責拆解惡魔島上的一枚液態生化炸彈，在外敵環伺、壓力叢生時，他必須將手伸進液態炸彈彈匣裡，解除炸彈危機。

準備拿出炸彈前，他對自己說：「Good. I love pressure. I eat it for breakfast.」（太好了，我超愛壓力，我早餐就配著壓力來下飯。）

一個樂於享受過程的人，慢慢的，在面對壓力的時候也會如同電影情節一般，樂於沉浸在這個挑戰裡。這也正是我們可以教育孩子的目標，讓他們投其所愛，享受過程，勇敢面對挑戰。

身為家長的你，如果也能享受這樣的過程，兒女勢必也會看著你的背影而有了標竿典範。**有的時候不能接受稱讚，那個壓力來源並不在於失敗，而是見不得你看見我失敗時的樣子。**所以還是需要靠爸爸、媽媽的內在先有力量，填補了這個黑洞，才能給孩子帶來力量。

走出內在黑洞

讚美的語言不一定是誇張、張揚，從細微之處著手反而能凸顯用心。我們可以掌握幾點：

- 不評斷結果，只點出客觀事實，例如：「你考了一百分呀！」「你吃晚餐前就做完功課了啊？」
- 好奇達成的過程，例如：「這次你做了什麼不一樣的事嗎？」「你是怎麼達到的呢？」
- 在轉折處多探索，例如：「你怎麼會想到要多花半小時念書？」「有人特別提醒你要早點做功課嗎？」
- 賦能於人的過程，例如：「媽媽很喜歡你這麼認真的樣子。」「爸爸看到你很努力。」

一致性溝通的黑洞

勇敢卻帶來傷害

我該再繼續誠實地表達自己嗎？愛一個人，所以想對他坦白我的脆弱，然而，我們怎麼知道這些脆弱會被怎樣地對待呢？

親愛的崇義老師：

想來說一個，很揪心的故事。

我的好友小芹，昨天痛哭了一晚。電話裡傳來她的哭聲，她在廚房一邊煮飯一邊哭，還搭配著抽油煙機轟炸的噪音。

她哽咽地問：「菜菜子，我該再繼續誠實地表達自己嗎？」

我們一起學習薩提爾模式，「一致性溝通」似乎是共同的目標。

一致性講的是，可以如實地表達自己、關心他人，也在乎情境。最終希望與生命裡的重要他人有一個連結，靠近彼此。

小芹來學習，正是為了改善她與先生的關係。

婚後一起過日子，熱戀的美好甜蜜，慢慢被生活的柴米油鹽稀釋，隨著孩子出生，兩個人又更被孩子隔開。原本親暱地稱呼彼此老公、老婆，漸漸變成「孩子的爸、孩子的媽」，生疏的親密關係，甚至在兩人獨處時，也顯得尷尬。兩個人成了最熟悉的陌生人，不，似乎比陌生人糟一點，因為教養孩子，夫妻時常爭吵。

在爭吵的時候，小芹特別厭惡先生的大嗓門。只要先生一大吼，小芹內在的生氣也被瞬間點燃，然後就一發不可收拾。

後來透過學習，理解了一層一層的冰山，小芹發現，原生家庭對於自己與先生的關係有著很大的影響。

原來她所討厭的大嗓門，是來自於父親。

小芹的父親聲如洪鐘，罵起來人似乎就是用對部位發聲。即便已經做好心理準備，知道爸爸要罵人了，當爸爸一開口，還是會被嚇到。小時候的小芹經常還沒走進家門，在巷口就可以聽到父親的怒吼。

然而那麼小的孩子，也無處可去，而且想到家裡還有年紀小她許多的弟弟妹妹，即便腳有千斤重，她還是得回家。與弟弟妹妹瑟縮在房間裡，聽著爸爸在門外的怒吼聲，孩子們眼神空洞，內心的害怕讓他們僵住了。

原來，當先生大吼時，她在他身上看到的不只是先生，還有小時候的爸爸。

小時候的自己，內在是無力的恐懼，此時在成年的小芹心中，除了恐懼，還多了憤怒。那是小芹從前未能表達出來，對於父親的憤怒。

她決定要向先生表達自己的發現，只因為這是她在意的一段關係，先生是她在意的人。她也深信，這是關係裡的解藥。

一致性表達需要勇氣，在工作坊結束後，趁著能量滿滿，小芹鼓足了勇氣，對著先生說：「老公，我今天上課有些發現。我想與你談談，可以嗎？」

「老公」這個字眼太久沒聽見，先生眼神裡透著驚訝、害羞，輕輕地點點頭。

「我發現，我之前常常在你大聲吼孩子之後，我也跟著發飆了，原來，是因為我小時候常被爸爸的大吼聲嚇到的關係。」深吸一口氣，小芹又接著說：「但是我今天學習到了，那個小時候的我，有很多沒說出來的生氣。

「所以，在你大聲講話之後，我的那些生氣不只是全然對你，想起之前那樣常常與你針鋒相對，我想說我很內疚。」

先生從未耳聞這樣的表達，也聽得臉紅了。

「我真的很希望靠近你，不知道我這樣說，你的感覺呢？」

不知道是不是那天特別燈光美氣氛佳，在這一番真誠的表達之後，兩人似乎找回久違的甜蜜。但時間考驗著彼此，學習之後並不代表就此不爭執。

當爭執的場面重演，先生的大嗓門再次出現。小芹顯然已經知道自己會生氣，但她升起了一股不同於以往的生氣感受，那個生氣的感受想說的是：「我不是已經說過我討厭大聲了嗎？」

壓抑著這種感覺，她深呼吸之後對先生說：「可以請你小聲一點嗎？」

先生此時講了一句讓小芹淚崩的話：「怎樣！是又想起你老爸了嗎？」

小芹沒想到，自己那天一番真誠勇敢的告白，如今卻被拿來當成武器，攻擊回自己身上。

「早知道這樣，我就不說了，我什麼都不要說了……」她邊哭邊對我說。

愛一個人，所以想對他坦白我的脆弱，然而，我們怎麼知道這些脆弱會被怎樣地對待呢？

✶ ✶ ✶

親愛的高麗菜菜子：

你說的情況我並不陌生，在我自己學習的過程裡偶爾也會有挫折感，更有不少的學員夥伴來詢問我，明明自己想要展現一致性，對方卻始終不領情，甚至拿著「你不是都學習了嗎？你還這樣」的大刀不斷揮舞。

所謂的一致性，是奠基在一個能量揚升的狀態當中。接下來，我會透過幾個例子來闡述，我們在面對家人或是朋友指責的時候，那些慣性姿態是怎麼升上來的，是否與過去被對待的經驗有關，也會陳述一致性的意涵是什麼。

最後，看看那些學習很久的「老司機」吧，其實偶爾做不到也無妨，因為我們都是這樣過來的。

過去的留在過去

小芹會被先生的大聲吼叫給勾動，聯想起小時候爸爸聲如洪鐘的斥責聲，按照長期研究創傷療癒的彼得·列文（Peter A. Levine）博士的說法，這是因為過去的經驗已經成為身體一部分的印痕。

小芹以前遇到父親吼叫時，身體累積的能量沒有適當地釋放，導致這些沒被疏導的能量儲存在體內，成為一種存在於感覺運動系統的內隱記憶，當新的刺激來襲時，不管是有意識，還是潛意識，都會連結到過去曾經發生的經驗，體內荷爾蒙與腺體釋放化學元素，讓肌肉重新武裝起來，猶如過去的威脅依然存在。

我記得在一場工作坊裡，有一個爸爸小軒談到了他與太太的故事。

小軒說，有一次週末假日，他正忙著公司還未完成的工作，電腦打開是滿滿的報表等著他一筆一筆查核，才有辦法趕在週一上班前將資料提給老闆審閱。平時他都會在假日的時候陪著太太、孩子一起出去踏青，但遇到工作忙碌的時期，確實分身乏術。他答應孩子這週要帶他們去溜直排輪，為了不想對孩子黃牛，他只好請太太幫忙接送孩子去溜直排輪，讓他可以專心在家裡把工作完成。

原本週末得以喘息的太太，早早就安排好了自己的姐妹淘聚會，她也正忙著打理自己，趕著赴約。

太太聽到小軒的請求，想都沒想就回覆：「這種小事你都不能自己搞定嗎？我早就有約了啊。」

小軒聽到太太竟然叫他自己搞定，不禁氣上心頭。心想自己工作上的事情這麼多，難得想安排孩子去溜直排輪，太太又不是真的有什麼重要的事，現在請她幫忙未果就算了，還用這種口氣出言責怪。

小軒心頭的那股怨氣夾雜著委屈和孤單，他忍著逐漸升高的怒火，不想回應太太，默默撇過頭去，並且告訴自己：「既然如此，求人不如求己，以後我不會再求你幫忙，你也別想找我做事。」

「你與太太後來就不大溝通了是嗎？」我問。

「對，我們基本上就是處於冷戰階段，如果真的有什麼事，我們就用line討論。」小軒說。

「傳line討論？你們還住在一起嗎？」

「住在一起，但不大說話。」

「不大說話？這樣的情況維持多久了？」

「快一年了吧。」小軒搖頭苦笑。

我看著小軒，有點不可置信。

「你打算維持這樣的狀態多久？」

「如果她沒改變，應該就會繼續這樣吧。」

「哦，所以你希望是她改變？」

「對。」

我邀請小軒在台上做出角色扮演的姿態，小軒自始至終保持著背對太太的「打岔」姿態。

在薩提爾模式裡，所謂的打岔姿態是指自己顧左右而言他，或是根本不願意溝通，這種沒有交集的溝通方式就是一種打岔的姿態。

當時，我請小軒回頭看看同樣打岔的太太，思考自己的內在有什麼感覺。

「無助、無力、委屈、孤單，還有悲傷。」小軒黯然地說道。

「那麼，你要轉身嗎？」我問。

「不要。」小軒倒是堅決。

「你這招打岔的姿態是怎麼學來的？」我問。

小軒思考了一下，臉上的線條突然開始抽動，眼眶溼潤。

他說，以前他的父親很嚴格，經常對著媽媽大小聲，而媽媽都是委屈討好的態度，他看了相當不捨。從很小的時候，他就告訴自己不能對太太動粗，也不會口出惡言對待另外一半，他對自己發誓，不要讓這樣的姿態在他自己的家庭重演，所以他寧可轉身離開，也不願意兵戎相見。

沒想到，這個轉身打岔的功夫卻是相當決絕。

「你有這麼多的情緒在胸口縈繞著，你喜歡這樣的狀態嗎？」我問。

「不喜歡，但沒辦法。」

「不喜歡呀，那你想要有改變嗎？」

小軒思緒打結，他不確定自己是否想要改變。

「假設你的家庭是無話不談、夫妻之間可以相互交流的一個畫面，你要嗎？」我幫小軒勾勒出一個和樂的場景。

「要，但不可能。」小軒說。

「先別管可不可能，這是你要的嗎？」我強化這個目標。

「應該要吧。」小軒不大肯定。

「好，如果你要，那麼我們就有了目標，剩下的就是我們會經歷的過程。我們至少先有個方向，可以嗎？」

小軒的打岔狀態不僅出現在與伴侶之間的關係，在我引領他看見自己內在的同時，他也經常扯開話題，不願意碰觸自己的感受。這個慣性的力量甚是驚人。

我邀請小軒做了幾次深呼吸，先慢慢辨識當下的各種情緒，讓小軒可以逐步熟悉自己的各種感覺，找到屬於自己的「安全島嶼」。小軒終於慢慢拾回內在的感受，不再試圖跳脫。

在有限的課堂時間裡，我能做的不多，僅僅幫小軒確認了自己的目標，並且開始熟悉自己的感受，我知道在關係的道路上，他還需要經歷很多的波折。透過這樣的示範，也帶給台下的夥伴們很好的學習。小軒自從決定與太太分道揚鑣、各走各的路之後，經常疲累不堪，除了上班，他也很重視孩子的課後活動，他真的需要好好照顧自己。

小軒的打岔姿態是從過去原生家庭學習而來的經驗，為了不要重蹈過去爸爸媽媽的覆轍，他選擇完全逃離戰場，因為只要太太的一句話，就會激發起他儲存的能量槽，把以前經驗到的狀態重新體驗一遍。

回到小芹身上，也是一樣的。以前父親宏亮的聲音讓她感覺到被威脅，所以現在先生的大聲吼叫，如同過去父親影像重現，把她重新帶回那個恐懼的場景。

我們需要先能夠回應自己遇到刺激時的感受，分辨自己的身體以及內在是不是有著各種情緒，然後覺察自己的身體是否同樣被激發了。只要釐清這些感受，我們就有可能進一步看到哪些是過去的經驗、哪些是現在的。**以前的我們可能年紀還小，無法抵抗原生家庭的恐懼感，但當我們長大，已經可以把過去的留在過去，為現在的自己做出不一樣的選擇。**

找到「現在是安全的」這個感受後，就有機會擺脫過去的陰影，走出不一樣的道路，接下來就是要如何表達了。

內外一致

在談小芹可以怎麼與先生表達之前，我先提一個故事。

我在課堂裡邀請一位媽媽麗華做自我介紹，並且談談她當前最想溝通的對象是誰。麗華起初有點靦腆，謙遜地說：「我可以把機會讓給別人。」雙手在胸口前直搖，沒有想接下麥克風的樣子。

「怎麼了嗎？」我問。

「沒有，就想說把機會讓給別人啦。」麗華回應。

我邀請麗華先緩緩，做一個深呼吸，覺察一下這一剎那間自己內在的感覺。

「我可以邀請你說說看這一刻的感受嗎？你可以隨時拒絕我，我只是想對你做個邀請。」我說。

我把選擇的權利留給麗華，這是對話裡很重要的一個部分。每一個談話的對象都有絕對的自主權（Autonomy），他們可以決定自己要怎麼做。作為一個提問者，在尊重對方的前提下，則可以試探性地好奇。

麗華聽了我的引導後，掃瞄了一下自己的內在，說了自己的感受。

「現在感覺有點緊張，有點焦慮、困惑和挫折。」麗華連說了好幾個感受詞。

「嗯，緊張和焦慮是和拿麥克風有關嗎？」我問。

「是。」

「困惑和挫折呢？你願意說嗎？你同樣可以拒絕我，不說也可以的。」

「嗯……我還是說好了。困惑和挫折是與我兒子有關，他也是我現在最想要溝通的對象。」

「麗華，請稍等一下。你剛剛一開始本來是不想說的，現在你很直接就分享了，我想先知道這中間的轉折發生了什麼事？」我好奇。

麗華的身軀本來稍微後仰，但現在接過麥克風後趨前而坐，肩膀自然下垂，我看得出來，她身體的緊繃感稍微消去了一點。

「剛剛深呼吸一下，說了自己的感受之後，就覺得好像也可以把想說的話說出來，不用自己悶在心裡。」麗華說。

我笑了笑，點頭示意：「確定一下，你願意分享是嗎？」

「對，我可以分享。」

「好，那你說說剛剛那個困惑和挫折吧，怎麼與你的兒子有關？」

麗華談到，她的兒子已經三十幾歲，原先做了一份工作好幾年，薪水不錯，也很穩定。一年前，她的兒子毅然決然放棄原先高薪且穩定的工作，投入另外一個工作職務，薪水比原先的工作差了很多，似乎也沒那麼穩定。她曾經問兒子好幾次，為什麼要放棄之前的工作，現在的工作看似沒有比較好，這樣風險很大耶。

兒子回覆麗華說，原先的工作雖然薪資高，也比較穩定，但沒有帶給他成就感。相反的，現在新的工作讓他很有興趣，也有成就感，請媽媽不要擔心，他已經三十幾歲了，知道自己想要做的是什麼。兒子為了讓媽媽認同他的新工作，還邀請媽媽到工作的地方參觀，希望媽媽少一點擔心。

但作為媽媽，麗華的擔心看起來沒有減少。

「麗華，你有表達你的關心嗎？」我問道。

「有啊，可是兒子就很堅持啊，他還是要做那個薪水低的工作。我是覺得這樣不穩定啦，將來他後悔就來不及了。」麗華說。

「嗯，兒子三十幾歲了，看來他長大了。他可以為自己做決定嗎？」

「可以啊，我還不是讓他自己決定，我只是提醒他，原本的工作比較好。他不聽我也沒辦法啦，我尊重他的選擇。」

我眼睛看著麗華，一個擔憂孩子飯碗的媽媽，臉上盡是急切的神情。

「麗華，你尊重他的選擇呀？你的這個尊重，是被迫的，還是打從心裡欣賞兒子的？」我想確認。

「沒有被迫，是真的尊重他。」麗華強調。

我在這裡暫歇一會兒，也邀請麗華再做一個深呼吸，心裡想著與兒子對話的場景，然後體會一下自己的內在有哪些感受。

「無力、無奈和挫折。」麗華回覆。

「嗯，所以現在的感受是無力、無奈和挫折。」我核對後，接著問：「麗華，我有點好奇，如果你剛剛說對於兒子的工作，你會尊重他，你怎麼會出現這個無力、無奈和挫折的感覺呢？」

麗華聽到我的問題，突然沉吟了一會兒，陷入長考。

「你是真心誠意地尊重與欣賞孩子的選擇嗎？如果是的話，我的好奇是，當對孩子選擇一個不是你期待的工作時，你怎麼會出現這樣的感受呢？」我再一次確認。

麗華嘆了一口氣，答覆道：「我可能真的不能接受兒子的選擇吧。」

「噢，原來是這樣。」

我們的對話在這裡開啟了一個開端，像是在迷霧裡找到一個方向，麗華對三十幾歲的兒子有著擔心，這個擔心間接影響了她與孩子之間的溝通。看起來她是一個相當關愛孩子的媽媽，會顧慮兒子是否工作穩定；而她的孩子也是一個希望與媽媽有所連結的兒子，否則大概不會邀請媽媽到工作現場參觀。

我的目標放在愛的連結上，再來談如何對兒子表達「關心」，只要母子之間有著良好的連結，在表達上並不會因為彼此的期待不同產生親子之間的距離。

麗華對自我的認知是很重要的一環，她期待兒子能夠有一個高薪而穩定的工作，但又不希望自己的意志凌駕兒子的自主，這兩者的差異導致大腦的定向產生了奇異，神經系統與肌肉在這之中有衝突，也使得應對姿態與內在的感受有了矛盾。

能夠覺察自己內在真實聲音，對於幫助自己修正外在的應對相當重要。

薩提爾模式裡強調的一致性，首先是內外能夠趨於一致，這也是「信任溝通」裡談的誠實，**唯有對自己誠實，臣服於自己內在狀態，才有可能掌握外在應對的金鑰。**

麗華是個關愛孩子且可愛的媽媽，透過對話很快就能發現自己想要的目標，而我相信這個覺察對於她與兒子之間的互動會有很好的助益。

回到小芹的狀況，如果想要做到一致性的表達，她必須先知道自己內在的感受與想法，與自己保持一致，也就是要對自己誠實。如此一來，才有辦法在與先生連結之前連結自己。

小芹在學習之後，把自己的感受告訴了先生，這是非常難能可貴的舉動。一致性的表達需要涵蓋三個元素，可以分別用「在、表、關」三個字來代表。

首先是在乎情境，比如小芹想與先生好好互動，維繫和諧的婚姻關係。

接著，小芹很坦誠地提到了自己因為過去經驗的影響，所以當先生在大聲講話的時候，她會受到驚嚇，這是對自己誠實，也對他人坦誠的表達。

再來很重要的是，小芹需要關照他人。最後她提到「不知道我這樣說，你的感覺呢？」就是照顧他人的語句，因為她不僅表述了自己的困境，也關照了先生的感受。

現在問題是，當我們一次又一次地反應這個問題後，對方如果回到他原本的慣性裡，我們該怎麼辦呢？

我們都知道，學習之後能量的走勢不會是線型一路向上的，而是會高高低低，有時在巔峰，有時在低谷。我們尋求的不是片刻高峰，而是整體趨勢向上。經過一次次地練習與挫敗之後，我們學會回應自己，讓自己漸漸安穩下來，再嘗試一次新的「在、表、關」一致性對話。我們會變得愈來愈熟悉，也會愈來愈和諧。

老司機也會翻車

小芹的遭遇是很多學習者經歷的過程，我聽起來也心有戚戚焉。不過，我猜面臨到最多這種挫折的族群，當數心理師了。別以為老司機就不會翻車，我聽過很多心理師朋友都曾提到過，他們的家人最常對他們抱怨的就是：「你不是心理師嗎？你不是最應該知道我是怎麼想的嗎？怎麼還會這樣做？」

心理師就像是幫助人重建內在的工程師，但這一門職稱無形當中像是授人以柄的武器，自己反而被此制約了，爭吵時無力反擊，這也是很多心理師在面對家人或朋友時的困擾。

HBO影集《治療中，請勿打擾》（*In Treatment*）裡面就有一個橋段，一位長年幫助別人諮商的心理師，在遇上一對前來尋求婚姻諮商的伴侶時受到了挑戰。那對伴侶為了是否要生孩子而存在著重大的歧異，男方急著想要在年輕的時候就養兒育女，而女方則顧慮到孩子會影響她的職涯發展，選擇暫時不要懷孕。為此兩人爭吵不休，來找心理師晤談，看看是否能解決他們倆彼此之間的認知差異。

夫妻倆在諮商心理師面前仍然堅持己見，互不相讓，此時男方就詢問了心理師的意見，希望他從第三者的角度給予一個客觀的建議。心理師說，他不能給意見，只能讓夫妻倆在觀點不同時，述說各自的感覺、做法和想法。但男方不滿這個答案，甚至逼問心理師：「你算什麼公正第三方？連你都給不了建議，我們來這裡根本浪費時間。」

心理師被逼到牆角，不得不表態，最終很委婉地說了自己的一點建議，認為他們在這樣的狀態下生孩子的話，確實對孩子不友善，請他們慎重考慮。沒想到這個意見一說出來，男方氣炸了，猛力抨擊心理師根本是向著太太的，這種心理師不看也罷，說完就離開了診療室。

心理師大受打擊，他犯了一個諮商心理師的大禁忌，對此懊悔不已，除了損害了醫病之間的信任關係，也自責怎麼會出現這種低級錯誤。

很多時候我們對於熟讀心理學的人總是有著一種誤解，認為對方有可能會探知自己的內在，自己就赤裸裸地呈現在對方面前，一點安全感都沒有。因為害怕對方看出自己的弱點、害怕對方知道自己的脆弱，所以很容易激發出防衛姿態。

我猜，小芹的先生或許正是被激發出防衛姿態，那一句「怎樣！是又想起你老爸了嗎？」，聽起來尖銳又凶猛。

要理解小芹的先生怎麼會突然被激發，可以從人類的神經系統來理解。

根據史蒂芬．波吉斯（Stephen Porges）的多重迷走神經理論（Polyvagal Theory），人體中有三組神經能量次系統，其一是負責癱瘓、代謝、恆定、身體閉鎖反應的原始系統；其二是根據演化而來的交感神經系統，主要用來動員身體能量、強化行動能力，這也是戰、逃反應的激發系統；第三是經過幾千萬年演化之後形成最現代的系統，這個系統只在哺乳類身上看得到，它的功能是調整複雜的社會與依戀行為。最後這一種系統掌控人類的關係、依戀與連結功能，還能夠調節情緒智能。

神經系統可以評估環境的潛在危險，透過「神經覺」（Neuroception）來判斷所處的情境是否安全，如果察覺到人處於一個安全的環境，他的社會參與系統就會壓抑較為原始的邊緣系統，控制戰、逃一類的腦幹反應。如果一個孩子受到驚嚇，身體受到交感神經的激發，全身有可能準備要進行應戰，腎上腺素上升。如果這時候媽媽輕聲細語地告訴他：「媽媽在這，不用擔心。」孩子就會得到安慰，情緒也會漸漸趨於平靜。

當我們感覺到被威脅或是被激怒，我們通常會希望藉由別人的肢體動作或是聲音來進行連結，透過溝通來感覺周遭是否安全。這是人類特殊的依戀行為，也是我們社會化最好的展現。

在神經覺感受到環境威脅時，就像小芹說道：「可以請你小聲一點嗎？」他的先生有可能從小芹的聲音與肢體語言當中感受到脅迫，因此他的本能就被激發，開始展開防衛動作。

想要與他人好好溝通，除了要知道神經系統被激發的路徑外，也要明白自己是否會因為過去的經驗而讓自己陷入到過去的情境中，激發自己的戰、逃反應。

當然，連許多心理師都過不了的檻，非心理專業的我們在學習之後仍遭遇挫敗，也是可想而知的事。

走出內在黑洞

德州大學教授布芮尼．布朗（Brene Brown）博士曾說，我們需要的並不是勇氣，而是坦承脆弱。

親密關係之間，如果能夠彼此坦承脆弱，這段關係就會朝著更堅實的方向邁進。因為坦承脆弱就是放開心胸，並且有可能面臨受傷、失落，只要我們能夠妥善回應自己的受傷與失落，接納這樣的自己，無形當中就具備了強大的能量，支持著自己往前不斷嘗試，一次再一次，跌倒後再站起來。

存在的黑洞

為什麼要生下我？

如果能夠坐時光機回到母親十八歲那一年，

我可能不會對她說什麼大道理，或許只會謝謝她賜予我的生命……

畢竟，那是媽媽的人生，不是我的。

親愛的崇義老師：

這陣子，聽到了好多令人心疼的消息，有的是新聞，有的是身邊真實發生的憾事。幾個年輕的孩子，在挫折之後選擇了結束生命，從高處一躍而下，留下來的是親友的心痛與錯愕。

我嘗試著去理解，是什麼樣的心情會讓這些孩子跨過欄杆、縱身向下跳，這世上難道沒有一點愛可以拉住他們？

前些日子，朋友蘇菲亞傳了一篇文章給我。有個假設的問題是：「如果遇到十八歲的媽媽，會對她說什麼？」

這則問題下方的留言讓我很驚訝，好多都是：「請不要生下我。」

因為媽媽結婚生子之後，太苦了。

因為媽媽所遇非人，太苦了。

多少人把「媽媽的苦」與「自己的存在」連在一起？

多少人在心裡種植了一個信念是：「我的存在，不應該。」

寫這封信的同時，我發現，我也曾這樣有細細的聲音在很深的心裡。在成長的過程裡，媽媽總是說：「要不是因為懷了你，我才不會嫁給你爸。」

十歲以前，我聽到這句話只能愣在那，不知如何是好。十幾歲以後，我懂的多了，也叛逆了，內心總是想回嘴：「我又不是自願要出生，你為何不拿掉我？」

原來，我內心也曾種下這麼一顆「我不應該存在」種子，很慶幸它沒發芽。回頭看我的另一個身分——媽媽，我驕傲地想，我從未在爭執、不理智的狀況下，把這樣的責任丟給孩子扛。我總是一再重複，孩子是我生命中珍貴的禮物。

我總想，我的孩子應該不至於如此吧。

我的孩子應該會重視自己的存在吧。

然而就在前幾天，女兒收到了學校例行檢查的視力不良通知單。還沒開放智慧型手機給孩子的我，直覺聯想到了智慧型手錶。螢幕錶面很小的智慧型手錶，該不會是視力不良的凶手吧？

於是，我向女兒提議，改為戴一般的傳統手錶，好不好呢？

沒想到，此時女兒發怒了。

她把手錶從手上摘下來，往地上重重一摔，接著說出一句讓我不敢置信的話。

「拿去！我不要活了！」

這句話，讓我的心也重重一摔。

視力、手錶、那些已都不是重點了。我呆在原地，不敢相信我聽到的。

難道我沒有傳達出我的愛？

我學習過對話、學習過安頓自己，一會兒之後，我撿起地上的手錶，走向趴在床上大哭的女兒。

「寶貝，我猜這手錶，真的對你很重要，對嗎？」

女兒繼續哭著，沒理我。

我又繼續說：「我聽到你說不想活了，我很驚訝，也很難過，但我想這件事，你應該很在意。

「所以媽媽想一想，這件事我們再討論，手錶我先放這裡。你累了，先睡吧。」

我輕輕把手錶放在她身邊，說出我的心裡話。

「媽媽想說的是，在我的心裡面，沒有什麼事比你更重要，你對我而言是很重要的存在。」

女兒的哭聲分貝漸漸下降。

隔天早上，女兒在早餐桌上對我說：「媽媽，你可以幫我把手錶拿去裝電池嗎？我不戴智慧型手錶了。」

「是什麼讓你想法改變了呢？」

「想想，與同學不一樣，也沒什麼不好。」

原來，她在意的是與同學不一樣。

理解了之後，我感到安慰，也有了更大的擔心。

雖然這次這件事，她正好符合我的期待，但當她知道了我對於她生命的看重，究竟是好還是不好呢？

她想與我爭執的時候，會不會依然說出那樣的話語呢？

我的表達是不是精準的傳達呢？

她輕易地說出那樣的言語，這般對於生命的態度，我該怎麼去面對？

✶ ✶ ✶

親愛的高麗菜菜子：

很多人都知道「存在」就有價值，但無奈的是，這是一種大腦的認知，而不是從心裡感受到的體驗。我們的腦袋會自己製造很多小劇場，證明自己沒有那麼好、不值得被愛，甚或不應該存活在這個世界上。

但是如果我問你，你的女兒值得你的愛嗎？你對她的愛有條件嗎？她的存在有價值嗎？我相信你的回覆應該都是肯定的。孩子呱呱墜地那一刻起，我們自然會對孩子發散愛，甚至內在會產生一個小小的聲音，誓言要為了自己的孩子努力到最後一刻。所以，作為媽媽的你，每一刻都會在意女兒的狀況。

既然如此，我們也是這麼體驗自己的嗎？自己值得被愛嗎？我們對自己的愛有條件嗎？

接下來，我想聊聊我們怎麼會忽略了自己是如何有著「我不值得」的思維，從自己內在看見作為父母本身就是一種價值，才有辦法帶著愛去呵護下一代，最後，從自己的力量擴散到子女，讓他們能夠深刻體驗：我值得。

只要媽媽快樂

說到生命這個議題，有時候會覺得頗沉重，但我現在看待生命的角度有些不同，我慶幸自己可以一步一步走到現在，每每回頭重新看待那些歷程，我的心裡總是充滿喜悅與感恩。

在我回答「回到媽媽十八歲那一年」這個問題之前，我想先說某次上課的經驗。有一次工作坊授課期間，下課休息的時候，小芳趁著空檔來詢問我問題。年約四十歲的小芳頭髮及肩，臉上帶著一個淺白色鏡框的眼鏡，身穿牛仔褲，上身搭配著針織外套，臉部線條略為緊繃。我估量著小芳，猜想她是一個上班族，對自己要求頗高的那一類型。

我點頭表示應允，請小芳提問。

「老師，我有兩個孩子，老大是女兒，已經小學一年級，老二是兒子，與老大差三歲。我最近發現老大很不聽話，每次我叫她做事情，她都不想理會，還會對我發脾氣。我本來都會好好講，但遇到她不聽話，我就會忍不住要大聲罵她。我想請問，我要怎樣才可以好好與我這個女兒說話。」小芳說道。

我在腦海中掃瞄了一下小芳提出的問句，看到幾個關鍵：

一、請女兒做事，她不理會

二、女兒發脾氣

三、我一開始好好講，但後來忍不住要大罵她

這幾個地方是我好奇之處，想要從這幾個地方去了解這一對母女關係的癥結點在哪。不過我先把目標放在小芳的動機上，確保我的回應能夠達到她想提問的目的。

「小芳，你說女兒不聽話呀。你想好好與她說話是嗎？」我詢問。

「對呀，很多時候她都講不聽。」小芳說。

「你可以給我一個例子嗎？什麼樣的情況下她是講不聽的？」

小芳想了一下，很快開口。

「比如說昨天好了，我請女兒把玩具收好，可是她彷彿沒聽到我說的話，我又重新

說一次，她就不高興了，回我：『不要，我還要玩。』我就大聲對她說，時間晚了，不能玩了，要趕快收一收去睡覺了，她就在那裡耍脾氣。」

「小芳，當女兒在耍脾氣的時候，你有被影響嗎？」

「有啊。」

「生氣嗎？」

「很生氣啊，就覺得我已經夠忙了，怎麼都不幫忙一下。」

「你生氣是因為女兒不收玩具，還是有其他的因素？」

小芳後來解釋，她是一個單親媽媽，帶著兩個孩子生活，她在幾年前與先生離婚之後，先生自己另組家庭，所以她只好擔負起家庭的生計，除了要上班之外，還需要照顧兩個孩子，所以每天昏頭轉向，經常處於一個緊繃的狀態下。

小芳說，她很容易暴怒，不僅僅是因為孩子的關係，平常她就知道自己很多時候在情緒的臨界點上，只要一點點刺激，就會整個人抓狂。

我問小芳，這個「生氣」圍繞著她多久了。

「從我離婚之後開始吧，我也不記得了。」

「你對『家』的概念是什麼，有一個自己的想像嗎？」我想知道小芳是不是因為離婚，對於這個家有了不同的詮釋。

「就是要完整啊，爸爸、媽媽都在，孩子才會有一個完整的家。」小芳說。

「現在的家完整嗎？」我問。

「不完整。」小芳回答得很直接。

「這個完整的概念哪裡來的，是從你的原生家庭嗎？」

「其實我的家庭也不完整，爸爸在我小的時候就離開家裡了。」

「可以多說一點嗎？你爸爸大概在你幾歲的時候離開？當時怎麼了？」

「在我小的時候，我爸爸經常酗酒，回家以後就會找我媽媽出氣，所以每次他要是不在家，媽媽都很哀怨，但只要爸爸回家，媽媽也很辛苦，還要照顧喝醉的爸爸。有的時候爸爸會對媽媽粗言粗語，甚至還會動手。爸爸後來在外面賭博欠了很多錢，為了躲債，他就乾脆不回家了，媽媽最後終於受不了，只能與爸爸離婚。」

「你看到爸爸喝醉酒，對媽媽動口又動手，這大概是你幾歲的時候？」

「小學三、四年級吧，十歲左右。」

「看到那一幕畫面，你有什麼感覺？」

「覺得很心疼，不捨。也覺得爸爸後來怎麼可以這樣放著家裡不管，一走了之。」

小芳說到這裡，眉頭深鎖，彷彿說著父母故事的同時，也聯想到自己的命運。

「如果還可以讓你重新回到過去，成為一個十歲自己，你會希望得到什麼？」我詢問小芳。

「我希望我的爸爸不要離家，可以每天回家與我們相聚。」小芳說。

「爸爸如果可以每天回家，你會得到什麼？」這個問題，我想從「期待」的方向轉為「渴望」的連結。

「媽媽會比較開心吧，我也會比較開心。」

我頓了一會兒，說：「小芳，媽媽快樂嗎？」

小芳聽到這個問句，突然忍不住開始啜泣，淚珠一顆一顆往下掉落，沾溼了整片口罩，眼鏡也在淚水與體溫交相作用之下，滿是霧氣。

「她，不快樂。」小芳終於擠出這幾個字。

「小芳，那你快樂嗎？」

小芳含著淚水，搖搖頭。

「如果能回到十歲，你知道爸爸不可能回家了，你希望媽媽得到什麼？」

小芳略帶歇斯底里的聲音，慢慢吐出：「我希望媽媽快樂……我希望媽媽快樂。」

「一個不快樂的媽媽，她的孩子會快樂嗎？」我問。

「不會。」小芳說。

「好，那你猜一下，你的孩子會希望你快樂嗎？」

小芳的眼淚在這裡潰堤，桌上的衛生紙一張張被抽取出來，卻怎麼也擦不乾淚水。

我靜靜地看著小芳，不發一語。

「老師，我知道了。」小芳終於開口。

「嗯？你知道了什麼？」我核對。

「一切都是在我，如果我的情緒夠穩定，這一切並不會是問題，我的女兒也不用發脾氣來對抗我。」

小芳似乎自己悟出了一點道理，明白對話的關鍵不在於套路，而是在於自己的內在是否安定。婚姻破裂已成事實，如何接納這個狀態就變成了她的功課，否則她仍舊會踏上過去母親的道路，做一個不快樂、怨天尤人的媽媽。而作為女兒的她，也因為心疼媽媽，無法敞開心胸接納這個失去爸爸的失落，連帶無法接納自己。

對於一個「完整的家」，小芳有自己的圖像，但我想先讓她看到在這個圖像破裂之下的媽媽和女兒，是否會因為這個遺憾而影響了內在，進而阻礙了和諧的溝通。她與她的媽媽如此，與她女兒之間也是一樣的道理。

「我只要媽媽快樂」，這個道理夠簡單了，但看起來要做到，真不簡單。

我自己是單親家庭長大的孩子，我明白作為孩子看到父母在情緒上的糾結有多麼難受。母親在十八歲那年就嫁給了大她二十歲的父親，從此步入家庭生活。在她經歷了十多年的家庭生活之後，決定離開家庭，找尋她自己的新人生。

在我大概國小的階段，母親就經常與友人在外遊蕩，不願意回家。我的記憶裡也經常浮現這樣得畫面：父親在早上忙完孩子們的早餐之後，還會端一份早餐上樓，讓宿醉的母親能夠飽餐一頓，但母親經常對父親咆哮，斥喝著父親：「不需要你管。」

那一段時間，作為孩子的我總是擔心父母親離異，是不是這個家庭隨時會崩解。我升上了國中一年級那年，父母終於協議離婚，我們從原本的偽單親家庭進入了真正的單親家庭。

以前的我總覺得無奈，人生似乎注定該這麼走。但自從中年開始學習之後，我才明白，那些磕磕絆絆的歲月也是滋養我的肥料，讓我對這個世界有了不一樣的眼光。

如果能夠坐時光機回到母親十八歲那一年，我可能不會對她說什麼大道理，或許只會謝謝她賜予我的生命，也衷心希望媽媽是快樂的，不論在什麼樣的情況之下。畢竟，那是媽媽的人生，不是我的。她有自己想要走的道路，而我能給予的僅僅是祝福。

我明白，唯有懂得珍惜每一個片刻，我才算真正活過。

我就是禮物

懂得覺知當下，幸福的體驗就會隨之而來。

台北的街道在三月末時陰雨綿綿，打在盛開的風鈴木上，灑滿一地的花朵，恰似一片黃金海，蔚為奇觀。

年過五旬的我，對於生命的解讀自然與年少時期不同，看待這一波波霏霏之雨，以及散落街頭的殘花敗絮，仍然感覺幸福從骨盆腔溢出，隨著迷走神經往上爬升，到達五臟六腑，溫潤而綿長。

大腦科學日新月異，我們對於「童年記憶是否影響自己的一生」開始有了更新的認識。幼年時期的經驗可以在大腦與身體裡留下印記，這些壓力事件產生了長期的神經疤痕，點點滴滴影響著成年的我們。

關於生命，我想到一個例子。

女孩玟郁出現的時候眉頭帶著一絲絲憂鬱，清瘦的身形加上連身長裙，我看著她的臉龐，腦海中浮現電影《美國女孩》林嘉欣的身影，一個對未來充滿夢想的女孩子，卻在心裡藏有離開與不捨兩頭的拉鋸。

玟郁想知道，為什麼爸媽沒辦法接受她自由決定自己的前途。已經年過三十的她連換個工作，爸媽都會對她指指點點，讓她深深覺得難以靠近這個家庭。

在幾次的抗爭之後，玟郁慢慢發現，原來她已經不是那個曾經愛作夢、有想法的少女；現在的她，彷彿只是在走著爸媽未完成的人生。

玟郁說：「從很小的時候我就感覺到，我是不被重視的，所以經常感到孤單。」

我探詢玟郁的內在，輕敲她童年時期的事蹟，試圖揭開那個烙印在心裡的印記。玟郁說：「我自從有記憶開始，甚至可能在嬰兒時期，就感覺到不被重視了。」

「在嬰兒時期？」我問。

「對。」

「那是什麼樣的畫面？」

「我依稀看到，媽媽把我放在搖籃裡，她轉身不知道去哪裡，而我只是不斷地在搖籃裡嚎啕大哭，卻沒有人來照顧我。」

玟郁貌似在空中建構了一個畫面，她轉身進入這個虛擬實境中，變成了當年的那個嬰兒，無助而悲傷。

「這個印象，對成年的你有影響嗎？」

「有，很大。我知道爸爸媽媽沒有那麼愛我，所以後來發生了一些事，我與他們心裡的距離就愈來愈遠。他們只會要求我做這做那，我卻感受不到他們的愛。」

我沒有詢問後來發生了什麼事，導致他們距離遙遠。我想先從「生命的禮物」開始架構接下來的對話。

「玟郁，在你三十幾年的生命當中，你有過爸媽對你關愛的畫面嗎？」

玟郁想了一下，搖搖頭。

「沒有。」

也難怪玟郁經常感覺到孤單，我心裡這麼估量著。

我記得電影《天才的禮物》（*Gifted*）裡，由麥肯娜．葛瑞絲（Mckenna Grace）飾演的天才小女孩，她的媽媽因為被外婆逼迫要成為一個偉大的數學家，最終受不了壓力而自殺。小女孩跟隨著舅舅一路生活，直到外婆出現來搶奪這個小孩的撫養權。

外婆找來了她的生父，希望能打贏撫養權的官司。

小女孩這才知道，原來自己的爸爸住得這麼近，卻從來沒有來探望過她。

她是沒人要的孩子。

她是不值得被愛的孩子。

她是孤單的孩子。

舅舅左思右想，最後做了一件事。他帶著小女孩，到了一家醫院，他們坐在產房外的板凳上，經過了漫長的時間，才等到一位婦產科醫生出來報訊。醫生對著產房外頭的家屬說：「生出來了，母子均安。」

產房外頭的家屬一片歡騰，互相擁抱並且互道恭喜。小女孩看了也熱淚盈眶。

她問舅舅：「我出生的時候，大家也是這麼高興嗎？」

舅舅點點頭：「是啊，你出生的時候，我們都非常開心。」

「那你有進去抱我嗎？」小女孩繼續問道。

「當然。」舅舅回答。

小女孩興奮至極，央求著舅舅再等待下一個新生兒的喜訊，她也要一起為新生兒的到來慶祝。

我問玟郁，三十幾歲的她是否已經成年，有足夠的能力可以為自己負責與承擔，也有能力照顧自己。玟郁毫不猶疑地回答：「當然。」

我邀請玟郁閉上眼睛，再回到那個她建構的畫面裡，回到三十幾年的搖籃前，看著那個剛出生沒多久的小嬰兒。我問玟郁，你看到了什麼。

「一個小嬰兒，頭髮很稀疏，皮膚很光滑。」玟郁說。

「可以的話，你摸摸她，甚至抱她起來，感覺一下她的存在。」我說。

玟郁閉著眼睛，眼球在眼皮子底下來回動著。我可以揣測她的大腦正在運算著這幅「抱起嬰兒的自己」的畫面。

「你有什麼感覺？」

「暖暖的，很舒服。」玟郁說。

「玟郁，剛剛你告訴我，你有能力照顧自己了。我想問你，你願意照顧這個小嬰兒、好好愛她嗎？」

閉著眼睛的玟郁流下了兩行清淚，點了點頭。

透過冥想的方式，我想讓玟郁體驗到愛的畫面與其帶來的力量，在我們找到與父母適合的對話方式之前，我希望玟郁能夠感受到她是值得被愛的，而她自己就有這個資源可以給予自己力量。

做完冥想之後，我問玟郁：「你現在感覺如何？」

「很平靜，也很有力量，我知道我是值得的，我知道我可以擁有愛，我沒有那麼孤單了。」玟郁邊說邊抽搐著。

生命本身就是一個禮物，只是我們從未這麼近距離體驗，而把目光一直放在未滿足的期待上，造成內在的能量卡關，無法順暢流動。然而確認自己的存在價值之後，我們有了力量，便有能力找到與父母溝通的方法，遇到挫折時，也不至於這麼快崩毀。

我年少時也經常感到孤單，母親的離家自然對家庭造成了重大衝擊，青春期的我也難以與父親溝通，況且兄妹之間疏離，我不知道人生的意義為何。是經過時間的洗禮，我才慢慢品嘗到生命醞釀的甜香。父親摯愛的畫面一幕幕激盪著我的內心，那是一股隱形而堅定的力量，讓我不至於心靈匱乏。

其實，我們的存在本身就帶著極大的價值，我更希望作為父母的人可以先看到這一點。像是菜菜子作為母親，當她與女兒談論生命的命題時，一個帶著價值感的媽媽，會給兒女帶來極大的安定，不管孩子做了哪些事，穩定感會像是波浪般不斷包圍著孩子的內在，讓孩子感受到父母親的溫暖，那是一種愛的力量，那是一種生命的本能。

在我們與孩子開始產生連結，並且能夠真誠走進對方的內在世界之前，我們要能夠先覺知自己的價值。好好品嘗生命給我們帶來的瑰麗風景，這就像是我走在三月底的台北街頭般，即便風鈴木樹上的花朵早已被風雨打落一大片，好似生命的週期開始走入另外一個階段，我卻也能細細啜飲著接下來的人生滋味。

生命的存在就是一個禮物，它本身就是價值。

因為我值得

如果能夠奠基好自己的價值，紮好馬步，接下來與孩子的對話應該也不至於會有太大的閃失。

想像一下，你的孩子如果長大了，他是否會到課堂裡上課？他會像所有學子一樣，來找尋他與你之間的答案嗎？還是他會迷失自己，想要得到一個方法靠近自己呢？

我習慣在課堂上詢問學員們他們來上課的目的，並且請他們挑選一個——只能一個——他們最想要溝通的對象。

有些人會選擇自己的孩子，有些人選擇伴侶，也有些人會選擇自己的父母。這些對象無非是他們在日常生活中渴望連結，卻又不得其門而入的人。

還有一些人，他們會選擇「自己」作為最想溝通的對象。

老實說，這些能夠在課堂裡選擇的人都算是「高功能」當事人，他們心裡明確知道自己的目標，也很努力朝著這個目標前進，只是一時半刻找不到合適的方法而已。

對於選擇自己作為溝通對象的人，他們很多時候面臨到長期自我苛責、自我價值不足的狀態，這與當事人從小到大的生長經驗有很大的關係。

曾經有一位夥伴晴萱來到我的課堂裡，她也提到最想與自己溝通。晴萱年約三十五歲，一臉清秀，雙眼明亮有神，短髮俏麗，身材纖細。我從第一眼印象評估，她應該是個有個性、有想法的女孩子。

我詢問晴萱，她與自己的關係好嗎？

「不是很好。」晴萱回答。

「怎麼說？」

「我經常覺得是不是我做錯了什麼事，其實明明沒發生什麼事呀，但就是感覺很不順心。」

「你這個狀態多久了？」

「很久了，大概小時候開始到現在吧。」

「還記得那個小時候，大概是多大的時候嗎？」

「可能從國中開始吧。」

「從國中呀，當時怎麼了嗎？」

晴萱娓娓道來，她說從小自己都是個功課還不錯的孩子，只是不像姐姐一樣每次都拿到全校第一名。她的爸爸媽媽都是老師，也很重視孩子的課業，所以經常在功課上有所要求。

到了國中之後，晴萱的功課明顯落後了，成績大概都維持在中等程度，媽媽會叫她待在家裡念書，不要把時間浪費在別的事情上。

某一次放學，晴萱與同學相約在外頭慶生，回家的時間晚了些。一回到家中，媽媽劈頭就罵：「怎麼搞這麼晚，不是說只是吃個飯而已嗎？你不要成天與你那些不讀書的同學鬼混，你姐都考上北一女中了，你看看你自己的成績。再不好好念書，能考上好的高中嗎？」

晴萱很不服氣，大聲回嘴：「我只是出去與同學慶生而已，又不是不念書了。」媽媽看到晴萱頂嘴，更大聲地把晴萱斥責了一頓。

「這件事對你後來有什麼影響？」我向晴萱確認。

「有。我覺得不管做什麼事，媽媽都不會認可我，她對我的期望很高。她一直希望我能夠像她一樣成為老師，但我的成績沒有考好，所以達不到她的期待。」

我看到晴萱愈講頭愈低，原本清亮的眼神顯得黯淡，肩頭不自主地下垂，彷彿身上綁著千斤重擔，無法卸下。

「當你達不到媽媽期待時，你能感受到媽媽的愛嗎？」我問。

晴萱搖搖頭說道：「媽媽比較愛姐姐，我知道。」

「晴萱，你是說媽媽不愛你嗎？」

「我知道她愛我，但我很多時候感受不到。」

晴萱嘆了一口氣。

很多時候，理智會幫我們分析、建構意識，雖然大腦知道父母應該是會給予子女愛的，內在卻無法「體驗」這種感受。

如果我們的內在缺乏「愛」的體驗，自然會經常感到自我價值不足，做什麼事都不對勁，頭腦的「判官」時常會跳出來批評那個做不好的自己。本來那個角色可能是父母扮演的，但久而久之，自己就演變成內在的評價者，不管再怎麼努力，都難逃這張黑臉的無情判斷。

「晴萱，聽起來你有一段時間沒有體驗到愛的感受了。我想對你做個邀請，你摸著胸口回答我。」

我在這裡故意放緩，在提問下一句之前暫停了一下，才接著繼續問道。

「你值得被愛嗎？」

晴萱聽到這個問句，突然眼眶泛紅，用搖頭回應我的問題。

「不值得呀？」我問。

晴萱似乎陷入理性與感性的拔河之中，止不住的淚水滑落到臉龐。理性告訴她，她從以前到現在都是不被認可的，媽媽對姐姐比較多青睞，所以她怎麼配得到愛呢？另一方面，感性的需求同樣是存在的，她並沒有做錯什麼事，怎麼會不值得愛呢？

這同樣也是許多人的內在狀態，我不禁感嘆，很多人因過去經驗形成的神經迴路，制約了自己的內在，想要一下子撥亂反正、翻轉這個迴路，談何容易？

我在課堂中透過對話，讓晴萱對「愛」有了新的體驗，也重新塑造一條迴路，讓她對自己開始有了不一樣的看法。

禪學與心理學的大師傑克．康菲爾德（Jack Kornfield）說過：「靈性成熟的第二特質是寬厚，它的基礎是從根本處接受自己。」我們若是在根本處就否定自己，如何能夠體驗到愛呢？

前一陣子，我看到女明星凱特．溫斯蕾（Kate Winslet）為化妝品拍的一個廣告短片，她在鏡頭前卸妝，以素顏面對大眾，談起「我值得」一事。不管你長什麼樣子、別人怎麼看你，「我值得」不就是天經地義、毫無懸念的道理嗎？如果連自己都認為「我不值得」，那麼還有誰能夠認可你呢？

凱特．溫斯蕾的戲齡已經很長一段時間，我一直很喜歡她認真投入的神情，她所接演的每個角色都發揮得淋漓盡致。只不過從出道以來，很多人就對她的外在多所批評，尤其是《鐵達尼號》（*Titanic*）裡與李奧納多．狄卡皮歐（Leonardo DiCaprio）的配對更讓影迷嘲諷苛責她過於臃腫。有人稱她是「肥溫」，並嘲笑說如果她瘦一點，鐵達尼號或許不會沉。

由凱特來闡述「我值得」最適合不過。她一路走來始終以真實的面貌呈現給大眾，即便冷嘲熱諷者多，她有著強大的內在氣質，這股力量就源自於「我值得」這三個字。影片裡的凱特邊說話邊卸妝，同時宣告著：不管他人怎麼看我，都不影響我自己的內在價值。

如果孩子從我們身上看見一個自我價值強烈的爸爸或媽媽，同樣也會學習到如何看待自己的價值。這樣的孩子，自然會珍惜每一個璀璨的過程，把人生當作是一場馬拉松旅程，而不會視作百米短跑，只在意每一小段的成績。

菜菜子與女兒的對話已經相當溫暖了。面對女兒不經意說出「我不要活了」時，能夠誠實地說出內在感受，我認為這是相當難能可貴的。這代表著我們的情緒如實地呈現在孩子面前，這些情緒是可以被看見與被接納的。而我的情緒由我自己負責，也像菜菜子的女兒，縱使因為手錶一事感到失落，她也可以表露她的失落，因為知道父母是願意傾聽與接納的。

作為安全港灣的爸爸或媽媽，我們的臂膀始終會是孩子強而有力的依靠，孩子在任何時候與我們傾訴時，我們都能不評價、不批評，安穩地接住他們的情緒。

如果孩子願意多聊聊，你們甚至可以暢談挫折與失落感、父母對於兒女的期待，以及兒女對於父母的期待。更甚，還可以談談生命的意義，我相信對於爸爸或媽媽而言，沒有什麼比傳遞父母的愛來得更重要了。

我們的自我價值很多時候是在幼年的時期建立起來的，這與我們原生家庭與父母親的互動有關，而孩子的自我價值同樣與我們塑造的家庭有關。如果以前有不妥當的教養方式，至少在自己這一代就可以終止，把家庭的互動轉化成愛的正向流動，孩子自然會在這個過程中學會怎麼面對自己的失落，以及回應自己的感受。

走出內在黑洞

我們如果陷入批判的角色裡，孩子自然就會在內在豢養著一個判官，時時刻刻鞭笞自己，這其實不是一種正向壓力，反而是一種能量的耗損，漸漸會對生命更感到迷惘。

因此，從現在開始，聽到別人批判或評價時，我們可以做幾個動作：

- 深呼吸，感覺一下自己的內在感受是什麼，試著接納這些感受。
- 觀念頭，看一下此時是不是也隨著別人的批判而跟著批評自己。
- 放下念頭裡指責的手，告訴自己：「我不是別人，我是能夠靠近、接納自己的人。」

Letter 05

虛實之間的黑洞

那是真實世界的延伸嗎？

我叫別人「別這麼想」的同時，是不是其實我的內在也相當煩躁？
覺察到這一點，或許我們就可以先從中斷自己的慣性開始。

親愛的崇義老師：

網路世界很迷人，每一個人都有舞台及發言權，不必很努力，好像就會被看見、被聽見。

網路似乎也可以治療真實世界的孤單，討拍的時候有人拍；現實裡需要長久經營的人際關係，也可以一夕間速成；隔著螢幕沒看到對方，話也比較敢說，似乎更容易了解對方的內心世界。

但是，迷人的東西往往都危險。

小琪是個十八歲的孩子，一頭直直的黑長髮襯著她的白皮膚，眼神裡自帶著一股憂鬱的氣質。平常話不多，唯有在自己喜歡的社團課裡，拿起吉他彈奏唱歌時，才會感覺有一點點陽光，灑在她白淨的臉龐上。

小琪功課中等，了解她的朋友沒幾個。在家裡也是安靜的存在，從小到大都是乖乖牌，父母除了覺得這個孩子靜了些，並不覺得有什麼不好，也沒多放心思在她身上。總之，是一個普通平凡的高中生。

然而，在另一個虛擬世界，小琪完全不是這個小琪。

某個遊戲裡，小琪叱吒風雲，玩起遊戲不但很強，網路上的朋友也不少。在可以痛快廝殺的虛擬世界裡呼吸，小琪覺得暢快多了，似乎是一種另類重生。

每天沉入遊戲世界，她感受到一種無比的自在和被認可，即便放下滑鼠鍵盤，要面對的是世界上一張張冷漠的臉孔。

人紅是非多的定律，似乎在網路世界也通用。一陣子之後，開始有眼紅的網友開始對小琪不滿。起初她並不以為意，反正網路上朋友還多著。

有一個人開始起頭之後，漸漸就會有人自願跟隨，於是變成一群人聯合排擠她。

小琪試著轉換身分，隱藏自己後再進入遊戲，沒想到依然被這一群人識破，更多難聽的謾罵、詆毀，其威力與之前的風光一樣強大。接著，小琪再一次地被逐出這個遊戲世界。

小琪仰賴的、堆砌價值的這個虛擬世界，瞬間崩塌了。

現實生活裡的小琪，更安靜了。原本就白淨的臉上，更是少了一絲血色。從小不太出色，也不容易得到稱讚的她，好不容易找到的自己，竟因此灰飛煙滅。

小琪從巨大失落裡抓到一絲憤怒的力量，那是她如今唯一的力量。

她決定不要一個人孤單地痛苦，要想辦法讓這些人也後悔。買了前往地平線另一端角落的車票，離開了她熟悉的地方。讓大家無法就近前來找她。什麼籌碼都沒有了，生命是她唯一的復仇手段。

在跨越頂樓的那道欄杆前，她還是想要留下一絲線索，讓世人知道是誰害她做這樣的選擇。打開手機，想起了在吉他社與她最要好的學妹，兩個人一起唱歌，彼此關心著手上按吉他弦的厚繭。

那些日子，或許是她真實世界難得的溫暖記憶。

她打了幾句話傳送出去，請學妹幫她將死因公諸於世。

學妹嚇壞了：「求求你，別這樣，就算是為了我。」

小琪沒有被打動，沒有掉下一滴淚。

「我的家人都沒辦法讓我回頭了。」

小琪的堅決，就與她的憤恨一樣劇烈。

「不知道會痛嗎？我怕痛。」

最後出現在學妹手機的，只剩這一句話。

學妹瘋狂地打電話，但另一頭，再也沒有人接聽了。

聽聞這個故事，我心痛也害怕。在最後那一刻，哪一張網子可以接住這個孩子？有沒有一根繩索，可以維繫她對於美好人生的渴望？

✦ ✦ ✦

親愛的高麗菜菜子：

聽到這個消息，我的心也糾成一團，嘆息年輕的生命就因為網路霸凌而消逝，實在令人不勝唏噓。

出生在西元兩千年以後的年輕人，很多甚至連卡帶、隨身聽都沒聽過，在他們周遭早就充斥著數位、串流以及網路產品，我們有時候很難想像，要如何與這一代的年輕人溝通。

我好友的小孩在國外讀高中，他告訴我，班上很多同學都會利用ChatGPT來寫作業，他偶爾也會參考網路資料來進行創作，不過他父親很不以為然。那位父親告訴我，年輕人成天泡在網路的世界裡無所事事，實在很不應該。

還記得我們年輕時候的樣貌嗎？當時的師長不也是看見我們帶著厚重的立體環繞音響搖頭擺腦而相當不以為然嗎？這是世代的差異，我們唯有看見每一代的不同，並且好奇他們的世界長什麼樣子，才有辦法與他們接近。

接下來，我想談一談年輕人怎麼會依賴網路世界、青少年在新世界裡遭受霸凌該怎麼辦，最後看看我們該怎麼做，才可以進入到他們的世界裡。

網路世界是另一個寄託

在我念大學的時代，網路開始慢慢發展起來，當年為了上網，家裡還必須先購買數據機，透過家中電話撥接連線。聽著撥接的嘟嘟聲沙沙響起來，心裡就覺得自己與這個世界連接上了，彷彿可以跳離既有的現實環境，加入到一個全新的場域，而且還不用把自己真實的一面顯現出來。

當時很流行校園的電子布告欄系統BBS，除了可以在裡面找尋各種文章，還可以與人聊天、抒發心情。有時候半夜上線，甚至能發現同時還有上萬人與我在一起，頓時感覺不孤單了。

從那個時候開始，網路世界就變成了我另外一個棲息之地，只要我有空，就會到處找機會上網，甚至後來連找工作，我都直接選擇到網路公司擔任網路瀏覽員。自從那時以來，我幾乎沒有一天脫離過網路生活，也很難想像如果有一天大規模斷網會對我造成什麼影響。

對於已經是成年人的我，網路依賴早就是如此地重，更何況是原生於網路世代的青少年。

如果要了解青少年在網路世界的依存度，可以從理解大腦發展的角度來看。受惠於近幾年大腦磁振造影技術（MRI）的研究以及功能性磁振造影（fMRI）的影片觀察，科學家可以比較理解人類的大腦發展不是停留在兒童階段而已，而是一直到了青春期，甚至到二十、三十歲都還有可能繼續發展。

一般而言，青春期的階段是從內分泌改變、生理變化、身體發展，甚至心理變化開始，一直持續到一個人在社會上取得穩定、獨立的狀態為止。這個階段很有可能因人而異，有的人經歷時間較短，有的人則相對很長。

在這個階段裡，人類大腦的前額葉皮質（Prefrontal Cortex）會不斷產生變化。前額葉皮質主宰人的認知功能，包括做出決策、規畫即將來到的事物等，同時會抑制我們做出不恰當的舉動、說出不合時宜的話語。這個區塊也涉及了人的社會互動，能夠了解其他人，並且產生自我覺知。

透過造影技術，科學家發現青少年時期人類的前額葉皮質會產生大量的變化，尤其是灰質（Gray Matter）面積會在青春期的階段達到高峰，然後漸漸隨之下降。[1]灰質區域涵蓋了大量的神經突觸，在青春期的階段，灰質的神經突觸會有許多增加與刪去的部分。這也意味著，這個時期的孩子正在透過學習，把適合的神經突觸更加強化，把不適合的突觸慢慢修剪掉，創造一個新的腦神經模組。這個過程就像是修剪自家後院的玫瑰花叢一樣，把長不好的分支剪掉，保留健康、強而有力的分支繼續生長。

青春期階段，「社交腦」開始學習透過人的面部表情、語氣、肢體動作等來進行判讀，因此會產生自己的社交情緒。科學家發現，青少年的內側前額葉皮質（Medial

Prefrontal Cortex）的運作活化效能比成人來得低一些，這代表青少年的社交狀況通常會比成年人更直接、更快跳過認知思考而做出社交決定，也說明了何以青少年通常會做出冒險、直率的行為。青少年換位思考、同理他人的能力還在發展中，所以當家長希望孩子能夠理解大人的行為時，孩子比較難以從大人的角度來看待事物。

青少年典型的冒險、衝動，很多時候會被成年人嘲笑或是揶揄，不過如果我們從大腦發育的觀點來看，大概就可以比較明瞭他們的行為舉動為什麼會是如此。他們喜歡冒險行動，尤其是與朋友們一起，更有種驅動力，讓他們在同儕之間得到認同。

理解了青少年階段大腦發展的趨勢，我們就知道這個時期的孩子正在快速學習，將腦袋中的資料去蕪存菁，建構一個適合社會生存的行為模組。

只不過現在的世界充斥著各形各色的吸引，包括網路世界也流行速食文化，像是社群媒體讓人在一分鐘以內的時間就可以瀏覽一則照片或短影片，並且能夠快速滑動選擇，甚至連「追劇」的型態都流行兩倍速快速觀看。在這種高速步調的環境裡，青春期的孩子們汲取了大量的資訊，內在也會開始恐慌、焦慮，深怕跟不上別人的速度。而這

1 參照劍橋大學心理學和認知神經科學教授莎拉－珍・布萊克莫爾（Sarah-Jayne Blakemore）於二〇一二年TED演講內容（https://vialogue.wordpress.com/2012/09/27/ted-sarah-jayne-blakemore-the-mysterious-workings-of-the-adolescent-brain/）。

種情況也導致沉溺於網路世界的青春期孩子無法專注，更在意網路世界的第二人格，忽略了真實世界人與人的連結。

當青春期的孩子對於虛擬世界愈來愈看重，花在網路上的時間自然就會愈來愈多。久而久之，會把網路世界的一切看得比現實世界還重要，即便很多時候並不真的認識螢幕背後的人們，孩子對於他們吐露出的話語卻會很在意。

如同在真實世界裡功課普通的小琪，如果大人們因為重視學業成績而給予很多壓力的話，很有可能會讓這樣的孩子更熱衷於虛擬世界，因為那裡能夠得到更多的成就感，也更能做出「舒服的」社交連結。

只不過遺憾的是，如同真實世界一般，網路世界也有不如人意的時候，甚至傷害會來得更大。

網路霸凌

如果青少年的孩子把多數時間都放在網路世界裡，自然會放大、更加重視在那裡發生的各種言論。在虛擬世界裡，很多時候的發言只是衝動之下的產物，因為背後的「鍵盤手」無須對自己發出的言論付出太大的責任，但對於收到訊息的人來說則會變成一種莫大的壓力。

不只有青少年會產生這些壓力，連成年人遇到網路酸言酸語時也很難獨善其身。

我經常瀏覽一些作家或心理師的文章，很多時候在留言處也會瞥見一些令我不舒服的言語，例如：

「有些人自以為讀了幾本書就是專家了，還很會大放厥詞。」

「最好他自己做得到啦，這些很會教別人的人，我才不相信自己有辦法做到。」

「講別人的事都很輕鬆啦，自己下來當爸媽看看，有沒有辦法不對孩子吼叫。」

這些留言光是第三者的我看了就覺得不大舒服，更何況是當事人。好幾次我都想留言回應，表達不一樣的看法，甚或按照我以前的慣性做法，上去筆戰一番。

我發現，那股想要去留言的衝動，其實來自於我內在一股很大的憤怒無法宣洩，而這個憤怒下面潛藏著一股委屈，是深怕自己被誤解而產生的感受。

在高中的時候，我曾經被教官找去教官室，他威脅恫嚇，希望我承認我在男生宿舍偷錢。即便我大力捍衛自己、為自己解釋，教官始終不相信我的清白。

當受到教官冤枉而產生委屈的我去找老師解釋時，老師只是輕描淡寫地說：「別想那麼多，如果不是你偷的，你不會有事的。」

雖然知道老師說得沒錯，但我依然覺得很不舒服。後來我與同學一起抽菸、喝酒時把教官的十八代祖宗都罵了一輪，才消了一點我心頭之「恨」。

我這才發現，談心事找老師沒用，找教官更不行，找酒肉朋友說不定還比較有幫助一點。只是，原本僅僅傷心，但找了朋友談話喝酒、抽菸，也傷身了。

「別想那麼多」、「正面一點」、「過了就沒事了」這些語言似乎幫助不了受委屈的我，可能對於現在的孩子也不會起到太大的幫助。

如果發現像是小琪這樣的年輕人沉迷網路，同樣也遭受到網路霸凌時，作為好友或是長輩，只要先聆聽對方的苦楚就可以了，先不要急著想要解決對方的困難。

從小到大，我們其實也聽過很多人安慰自己的語言，那些話語似乎從來沒有安慰過誰的心，當我們試圖想要安慰別人時，為什麼還是用同樣的話語呢？很有可能就是因為**我們從來沒有真正學過怎麼去貼近一個人，而是急著打消別人「不舒服」的感受。**

青少年時期的孩子如果在網路上遭受攻擊、內在受了傷，他們如果曾與大人建立良好的信任紐帶，就有機會來找大人談話。不過先不要急著幫他們「想辦法」，因為「感受」本來就是每個人專有的。我們無法對他們說「你不用這樣覺得」或是「你有什麼好難過的」。當他們有了這些感受，我們可以做的就是先承認、接納他們這些自然發生的感受，接著再去好奇他們的心理歷程發生了哪些變化。

有時候，大人急於給予答案，或是急著安撫這樣的受傷孩子，也很有可能是因為心理產生了焦慮，或是感到煩躁而產生的自動化應對，就像我急著想要留言筆戰，捍衛其他作家和心理師的觀點一樣。

我叫別人「別這麼想」的同時，是不是其實我的內在也相當煩躁？想趕快解決掉別人的問題，如此一來自己的煩躁可能就會平緩一點？如果是的話，倒不如我們先辨識一下內在的煩躁感是怎麼產生的、這個慣性對於人際關係是否有幫助。

覺察到這一點，或許我們就可以先從中斷自己的慣性開始，避免被既有的習慣拖著跑，做出無助於溝通的應對姿態。

網路霸凌無處不在，懂得強化自己的內在，才能躲過那些無止盡的槍林彈雨。像是小琪這樣的例子，我們沒有辦法時時刻刻在孩子身邊，留意孩子的情緒變化，但如果平常就有機會培養信任關係，當孩子在遇到重大困難無處可去的時候，就會把可信任的大人當成是最後一個安全島嶼，游向我們的身邊。

進入青少年的世界

要怎麼讓青少年的孩子在最無助、危急、無力的時候游向我們的身邊呢？平常就需要張開我們溫暖的臂膀，讓他們知道無論如何，我們是關心與接納他們的。當我們發現他們沉迷於網路的時候，千萬不要用指責或是說教的方式應對他們。

靈性大師蓋瑞祖卡夫（Gary Zukav）說過：「不要因為上癮而感到羞恥。要感到喜悅。你找到了你來到這個世界上必須療癒的東西。」

我們看到青少年沉溺在網路當中，要先了解他們怎麼會減少與現實互動的時間，一頭鑽入虛擬世界裡。我們如何理解、連結這些青少年，就成為他們是否可以同樣張開雙手擁抱現實世界的關鍵。

我在學校演講的時候，經常會詢問老師或家長，我們是否夠理解孩子？是否能夠進入到他們的世界，看看他們到底喜歡什麼？而不是先帶著批判而來。

前幾年開始流行的一款線上對戰遊戲「傳說對決」，是一個很受年輕人喜愛的網路遊戲，一群人可以在網路上相約五五對戰，有時對戰時間長達三十分鐘。如果不知情的大人一味禁止孩子上線打遊戲，他們原本與夥伴約好一起出戰的承諾就會被迫毀約，這無疑是讓他們在網路世界裡當一個言而無信之人，在同儕之間抬不起頭，更打擊他們的自我價值。

像這樣的遊戲，有時玩得如火如荼，在旁邊與他們談話就不會是好的時機了。別說青少年的族群，我自己也是這樣的。

在我高中的年代，有一款相當流行的電動遊戲「快打旋風」風靡全球，當時很多同學都會把零用錢花在打這款遊戲上，甚至還有高手相約比賽。我高中時沒有零用錢，所以很少打遊戲，都是看同學打遊戲的時間比較多。

在我年約四十歲時，手機遊戲開始流行，快打旋風的製作公司也出了手機版，還可以透過連線方式找尋網路高手對戰，那個時候我每天都想找人「打架」紓壓，所以經常掛在手機上，全神貫注看著小小螢幕，甚至打到青筋暴露、熱血亢奮。在遊戲當下，我太太如果在旁邊叫我，我會相當不耐煩，甚至會大叫：「現在別吵我！」

有時候，夫妻關係也會因為我打手機遊戲一事變得緊繃。

玩遊戲時不是談話的好時機，高品質的談話需要刻意營造，我們可以透過幾個步驟來與這樣的青少年談話：

一、探詢：與青少年談話以前，我們可以先試探性地拋出：「現在適合談話嗎？」如果他們正忙於遊戲或其他事情，請先不要在這個時候強行找他們對話。

二、評估：在試探之後，如果孩子真的不方便說話，我們可以評估一下大概什麼時間是合適的時機，然後再嘗試提出適合的時間點，例如：「你不方便是嗎？那我半小時後再與你談。」「我晚一點再找你。」

三、營造：蓋瑞．巧門（Gary Chapman）在《愛之語》（*The 5 Love Languages*）一書中提到「精心時刻」。一個好的表達時機也需要透過刻意營造的精心時刻才有辦法達到最好的效果。例如：晚餐時刻關閉手機與電視，就可以好好地聊一聊天，在一個放鬆的情境裡談話也有助於彼此的連結。

四、好奇：當好的談話時機出現時，請多利用「好奇」的語句來探索對方，不要用自己腦袋裡的判斷當作談話的主軸。我們可以提問：「我看到你在玩手機遊戲，那是什麼樣的遊戲？」「這個遊戲需要有夥伴對戰嗎？」「最吸引你的地方是什麼？」

五、貼近：好奇並探索一個人，就會把我們帶入到對方的世界裡，這時候我們便能夠開始同理他人，而不至於站在世界的外面不斷指責對方。進入對方世界後，最重要的是貼近對方的內在，讓對方能夠感受到我們的關愛與接納，他們便有辦法對這個信任的大人敞開心房。

平常的時候，如果懂得利用一些小技巧，也可以打開對話之門。

青少年時期是孩子從家庭團體慢慢長出個人意識、邁向獨立個體的重要節點。很多時候我們忽略了他們內在的需求，以為他們還像是以前小孩子一樣，沒發現他們已經是個小大人了。

倘若只會用「學校還好嗎？」、「功課考得如何？」這樣的問句來打開話題，可能會只收到「還好」、「還可以」等等的回應。薩提爾模式裡有個「天氣報告」工具，正好可以用來破冰，取代過去我們慣用的談話框架：

- **從欣賞與分享感動開始：**對青少年談話，可以從欣賞他們開始，特別是他們做的一些事情細節。如此一來，青少年的孩子們通常會比較願意打開耳朵聽聽別人想說什麼。例如：「謝謝你幫忙擺碗筷。」「很高興我們可以很快地坐下來一起吃飯。」
- **交換新資訊：**有時候我們太過忙碌，導致錯過了很多小細節，生活也變得只剩下學校、功課、課後活動等等可以問。不妨多注意青少年日常的小變化，對這些小變化發出好奇，這代表我們是真的很關心他們的生活。例如：「我發現你有下載新遊戲耶，那個是什麼樣的遊戲，好玩嗎？」

- **表達關心**：如果觀察到孩子們有些不一樣的行為，需要特別關注，可以對此提出關心，而非提出質疑。避免直接說出評斷的話語，改用關心「發生什麼事了」來取代。例如：「昨天晚上十二點我看到你房間燈還亮著耶，你在熬夜呀，怎麼了嗎？」

- **提出抱怨時也提出解決方案**：如果心裡對孩子有抱怨，儘量使用「我」訊息來表達自己的內在感受，並且聚焦在自己手上的工作，而不是聚焦在孩子為什麼不做。接下來，創造一個可以與孩子共同討論解決方案的空間，表現出彼此是站在一起的。例如：「過年快到了，我感覺到有點沮喪，因為家裡的清潔工作還沒有完成。我們一起想一下，該從什麼地方開始打掃起可以比較快速。」

- **結束在美好期待上**：雙方的對話在結束時最好落在正向、美好的願景上，這樣可以為之後的對話帶來更好的連結機會。例如：「我真期待週末我們可以一起看電影，我從網路上訂了新的零食，到時候就可以一起吃了。」

想要與青少年的孩子連結，最重要的是真誠，而不是敷衍；是積極傾聽，而不是消極應付。善用工具，可以幫助我們打開不知如何與孩子談話的窄門。

懂得突破僵局，靠近青少年孩子的內在才是我們的首要之務，而非「解決問題」。

試想，我們連孩子都靠近不了，怎麼與他們好好坐下來，一起討論眼前的問題呢？

走出內在黑洞

補充一個常見的例子：我經常接到家長的提問，在孩子抗拒去學校時，家長往往想要給孩子多一點關切，卻總是把話題圍繞在「怎麼會不想去學校」上頭。

家長做出這樣的提問，背後的意圖再明顯不過。家長若只是想著要解決「孩子不去上學」的問題，當然很快就會被敏感的孩子識破，這個「關心」就會被視為虛偽、有目的，而不是真正地接納一個人。

Letter 06

兩性不平衡的黑洞

偏心的重量

我愛我的家人，只是無法容忍與他們長時間的相處。
那些生氣、揪心、受傷、沮喪、無助和悲傷，
一個個如同沸水中冒起的氣泡。
我們似乎都只是不斷壓抑，或是轉頭視而不見。

親愛的崇義老師：

一般來說，看到「重男輕女」四個字，直覺都會認為是女性受害的故事。但我今天想說的，是一個男性朋友的苦衷。

奇怪，被重視、被偏心了，有什麼苦？

阿源生長在一個傳統大家庭，他是長子，也是長孫。從小因為這個身分，他總是備受寵愛。

他的對照組是一個姐姐、一個妹妹。從小家裡的家事，爸媽總是交代姐姐妹妹去做。姐妹曾抗議過：「為什麼阿源就不用做！」但爸媽一句：「女生就是要學做家事，不然以後嫁人怎麼辦？」這個以教育為名的理由，讓姐妹的抗議失敗。

家境不是很富裕的阿源與姐妹，求學一路都是靠著助學貸款，但讓姐妹們憤憤不平的是，爸媽在一筆保險金到期之後，主動幫阿源還了貸款，而姐妹的助學貸款，則要她們自己還。

一開始蒙在鼓裡，但最終還是被姐姐知道了。姐姐氣憤地對媽媽說：「你們真的很偏心。」媽媽顯得有點不好意思，原本想要瞞騙姐妹倆，也有一部分是愧疚。她深知女兒一定會覺得不公平，但這個家無法負擔起三個人的學費，最後也只能選擇一個人。

媽媽對姐姐說：「唉，男人的肩膀比較沉重，他以後還要養一個家。你和妹妹只要找一個好人家嫁了，就有人靠了。我與你爸的錢真的不多，沒辦法一次幫忙三個人，歹勢啦！」

看著媽媽日漸斑白的頭髮，以及臉上的無奈，姐姐雖然氣，但也不忍心再追下去。這般委屈就配著眼淚吞進肚裡。

兩姐妹就在這樣的環境長大，她們也因此非常認真地往社會上層爬，一方面是想讓爸媽看見自己「雖然是女生也可以揚眉吐氣」；努力的另一面是悲傷，只能靠自己，不努力也沒有退路。

姐妹在事業上都交出了漂亮的成績單，不但可以養活自己，甚至回頭幫忙爸媽，漸漸的，兩個人在家裡說話也愈來愈大聲。

回頭看阿源，他一路平平，就是個普通上班族。剛剛好養活自己和自己的家庭，與姐妹們比起來，差了一大截。而且，他逐漸感受到一種還債的痛苦。

怎麼說呢？姐妹們在過往被犧牲的身分中翻身之後，開始對阿源有許多要求。當原生家庭爸媽需要幫忙的時候，姐妹總是要求阿源出面處理，「以前爸媽最疼你」這句話成了姐妹們的標準句型。

「以前爸媽最疼你，老家那個牆壁粉刷你該幫忙吧？」

「以前爸媽最疼你，媽現在要看醫生，你應該要請假帶她去吧？」

「以前爸媽最疼你，現在要你去勸爸戒菸，你應該要負責吧？」

「以前爸媽最疼你，你全家出遊該帶上爸媽吧？」

阿源如今有自己的家庭、自己的孩子，自己的工作也忙碌著。姐妹們對於阿源的要求，加上太太對於大姑小姑的不諒解，阿源有種疲於奔命、分身乏術的痛苦。

但那句「以前爸媽最疼你」，是一句千真萬確的事實。以這句話起頭的句子，阿源往往沒有理由拒絕。

阿源對我說，小時候姐妹們的經歷，他也是看在眼裡，雖然他希望大家都能平等，但並無法改變爸媽的做法。回應姐妹們的要求時，支撐著他的，就是曾經那過意不去的心境，好像多做一些是應該的。

「真的好像還債啊，從前欠下的，現在加倍奉還。」阿源苦笑著：「你說怎麼照顧自己？我光應付這幾個女人，頭都昏了，拒絕之後的後果我實在承擔不起，自己這一關都過不了啊！」

沒想過，從小被疼愛的孩子，劇情變成這樣的走向。

此時想到阿源的媽媽說的：「男人的肩膀比較沉重。」

崇義老師，背著這些前債的阿源，要怎麼做，肩膀才能鬆一鬆？

親愛的高麗菜菜子：

「重男輕女」一直是很多家庭裡的挑戰，在長一輩的觀念裡面，可能比較多人抱持「男孩壯丁」能夠傳宗接代，所以需要更細心呵護的觀點。雖然現在的社會已經更重視兩性平權，但我聽起來，不少人還是有著自己不受重視的經驗。

其實，即便在傳統重男輕女觀念裡長大的男生可能也有著不可逃避的壓力，所以不管是男生或女生，在談到這個議題的時候，莫不搖頭嘆氣。

總歸來說，父母的期待成了逃不過的「愛」與「礙」，要怎麼樣活出自己的人生、不受家人情緒勒索，是很多人都需要理解的功課。我想從幾個面向來談論兩性不平衡的議題，包含童年負面經驗、如何改變自己既有的思維、連結接納的渴望等等，試著帶著大家穿越黑洞。

重男輕女就是一種忽略

阿源的遭遇，與一般重男輕女的情況不大一樣，不是只有被忽視的女生才會遭受創傷；身為一個男孩子，雖然備受家中寵愛，但同時也背負著很多人的期待與壓力。

當我們在談原生家庭給人帶來的影響時，最常使用文森・費利帝（Vincent Felitti）

與羅伯・安達（Robert Anda）設計出來的十個問卷指標，一般人可以從這十個問題中了解自己在童年十八歲以前，是否經歷過虐待、忽視、家庭失功能等負面經驗。這十個問題包含：

一、情感虐待（一再發生）
二、肢體虐待（一再發生）
三、性虐待（曾經發生）
四、肢體忽視
五、情感忽視
六、家中有藥物濫用情形（和酗酒者或藥物濫用者同住）
七、家中有心理疾病患者（和憂鬱症患者、心理疾病患者或嘗試自殺者同住）
八、父親或母親遭受暴力對待
九、父母離異或分居
十、家中有犯罪情形（家人入獄）

在這十個指標裡面，情感忽視也被視為童年負面經驗之一。很多人不知道，其實重男輕女就是一種情感忽視，同樣也會造成孩子身心受到傷害。這個情況在亞洲人的家庭裡可以說相當普遍，過去農業社會以男性勞動力為主，所以一家之主以男生居多，男性代表的價值也遠高出於女性。即便到了現在，受到幾個世代男尊女卑的觀念影響，仍然有不少家庭把男孩子視作重點培養的後代，而女孩子則多抱以婉約、持家、溫和的形象來扶養。

重男輕女的現象，首當其衝的自然是女孩子的生長過程裡會受到漠視，心裡感受不到父母的關愛（即便父母可能不這麼認為），另一方面，男孩子同樣也會背負著很多家庭，甚至整個家族帶來的壓力。

其實就算不是重男輕女，在很多手足的家庭裡，孩子之間難免就會互相比較、爭寵，試圖證明他們在父母親眼裡的地位。

我成長的過程與阿源的情況有點類似。

在我還未上小學之前，母親決定到附近的工廠工作，貼補家用。父親作為公立學校老師，每個月收入微薄，要養活一家子自然壓力甚大，因此沒有反對母親外出工作。只不過，母親自此經常晚歸。孩子們有的時候難得見上母親一面，父母之間的關係也愈來愈緊繃。

父親一人要照顧四個孩子不容易，更不用說還要擔心每個人的課業成績。大哥和二哥在中學時期課業滑落許多，我猜也與我們家庭的變化有關。

為了孩子的課業，父親還聘請家教來輔導大哥、二哥，只不過他們的功課依然不見起色。在兩位兄長相繼上了高中之後，父親幾乎把期待都放在排行老三的我身上。

我從小學階段開始，幾乎可以說是「品學兼優」的孩子，在校成績一直名列前茅之餘，課外比賽諸如演講、朗讀、詩歌朗誦等也經常無往不利。家裡客廳一整面牆上，幾乎掛滿了我的獎狀和錦旗，標誌著一個學子的輝煌年代。

在我小學六年級的時候，為了要能夠自己獨立騎車去學校，父親買了一台全新的跑車型腳踏車給我，哥哥們對此羨慕不已。

上了國中，我用「練習英文聽力」的理由，央求父親買了一台價值四千多元的卡匣式隨身聽，父親毫無懸念地帶著我到台中第一廣場採買，從此之後，我也成了隨身音樂一族。當時只能用自己的零用錢一點一滴攢下來買錄音帶的哥哥們看得雙眼發紅。

我的房間位於家中頂樓，夏天時酷熱難耐，在即將考高中聯考那一年，父親為了讓我能夠安心念書，在我的房間裡安裝了全家唯一一台冷氣，連我的妹妹也羨慕得緊，時常跑到我的房間一起吹冷氣。

父親這些舉動，在在顯示對我的看重，而我也不負父親的期待，考上了一所尚可的公立高中，雖不至於頂尖，但比起兩位兄長，我將來上大學的機率看來是大得多了。

只是上了高中以後，我也開始叛逆，甚至墮落。一個愈是受到期待的孩子，愈無法跳脫「滿足不了他人期待」的框架。

成年後，兄妹們總會拿過去父親「優待」我的事蹟來說嘴，認為我得了全天下的好處，怎麼還不知上進、不懂得回報，彷彿全家人都能犯錯，只有我不能一樣。

每次回到這個家，既感覺被寵愛，又覺得很無助和無奈，肩膀上似乎總有二十斤大米無法卸下。有能力離家之後，我就變得不大喜歡回家，尤其是見到父親與兄妹們對我充滿期待，又鄙視我辜負他們的臉，心裡當真難受。

我明白阿源的肩膀為何沉重，那是家人給予的一種眼光，其中夾雜了期待與失落、羡慕與嫉妒、推力與壓力。每一次收到禮物的同時就是收到了一張欠條，有了收穫代表我也需要付出。

改變內在設定

像是阿德這樣的狀況，很多時候都會想要兩邊討好，誰都不願意得罪，但這個姿態只會讓自己愈來愈顯得渺小，也無法在家人面前抬起頭來講話。

討好者通常有幾種特質：

一、總是在抱歉

二、害怕與別人抱持不同的意見

三、總是避免產生衝突

四、自己如果在人群裡突出，反而覺得有點困擾
五、很難說「不」
六、別人的事總是比自己的還重要
七、別人總喜歡利用你或是請你做事，而不在乎你的感受
八、付出的總是大於收到的

在薩提爾模式裡，討好者的姿態像是跪在地上乞求別人一樣，看待對方的眼光總是向上，自己的心裡感覺到委屈，同時又有點享受這種「受害者」心態。長久下來，對方非但不珍惜這樣的討好，反而視為理所當然，要不就是把討好者踩在地上、任意使用，甚至認為討好者是用低姿態來脅迫別人。

這個姿態如果是在老師身上，學生勢必不會遵守老師制定的課堂規矩。

如果夫妻其中之一是討好者，另一半時間久了也會覺得煩躁、無奈，不甘心自己作為一個指責的人，但又不得不用指責的姿態應對。

如果父母是討好的姿態，孩子會遁入自己的世界，不願意與父母親交流，有時也會因為父母的姿態過低而生氣。

如果老闆是討好的人，員工會無法提高效率，也不會在乎事情是否順利完成。

如果員工一直討好，老闆久而久之不會交付重責大任，因為員工一遇到困難就呈現

委屈狀，難以承擔大責任。

改變討好的姿態，要先懂得不要呈現低姿態，覺察長期委屈的狀態，開始為自己負責，人會感覺到自身與外在的變化。

想要跳脫慣性姿態，需要先有好的覺察，從自己的感受開始觀察起，並且懂得連結自己的渴望。

在薩提爾模式的冰山理論中，渴望的層次涵蓋了許多元素，其中包含愛、關注、認同、獨立、自由、安全、歸屬感、接納、自我價值等等。每一個人都會需要建立自我價值，但隨著不同的家庭環境，我們發展出了不一樣的求生存姿態。

在我童年時期，有很大部分的時間都屬於討好姿態，為了不讓父親失望，也不想與哥哥起衝突，我很多時候選擇用「乖」來得到自己的價值。成年後，在與家人的應對語言之間已經得不到我想要的自我價值感（Self-worth），所以，我決定要在職場上得到證明。

我在尚未退伍之際，就汲汲營營想要北上工作，為的就是離開家裡。我從原本討好的姿態逐漸轉變成打岔的姿態。

我愛我的家人，只是無法容忍與他們長時間的相處。

隨著我的薪資與頭銜不斷往上揚升，我離家的距離也愈來愈遠。原先在台北已經買房、結婚定居，但隨著搬遷到北京生活後，連台北的房子都賣了，這似乎也象徵著我要漸漸剪斷與原生家庭之間的紐帶，找尋心中一直沒有點亮的明燈。

這盞燈若隱若現，就在前方，我認為自己必須窮極一生之力追隨它。

在北京的日子結束之後，我與內人搬到加拿大與美國生活。這時候，我與家人的距離大約是飛機十二小時之遙，內在的距離也如同地圖上的跨距，有著太平洋橫亙。

為什麼我仍然覺得那一盞燈始終曖曖不明？

後來才明白，人生的旅途裡，我們很大的任務都在尋找人生的意義，以及內在的自我價值；每一段歷程，都是在學習如何提升這個自我價值感。我們都誤以為這個自我的概念或是自尊（Self-esteem）的來源，是來自於外在世界看待我們的眼光，實則不然，它其實來自於我們作為一個人對自己價值的核心信念。

說白了，就是**我們是如何看待我們自己的**。

我們對自己的看法，大多來自於童年時期父母親看待我們的方式，在有形或無形的肢體、語言之中，我們形塑了自己的世界觀與內在觀，這個框架一旦形成，大抵就成為我們日常依循的內在指標，即便想要跳脫出這個框架，很快的，慣性又會把我們拉回到這個小圈圈裡。

前面曾經提到「存在就是價值」，其實很多人都明白這個道理。但就算知道，也很難打破我們原先畫地自限的小圓圈，原因就在於，我們不想去看見每一個當下自己的內在發生了什麼事。

只要開始覺察，就能夠看見當面對家人批評或是酸言酸語時，在我們心裡翻騰的感受。那些生氣、揪心、受傷、沮喪、無助和悲傷，一個個如同沸水中冒起的氣泡。我們似乎都只是不斷壓抑，或是轉頭視而不見。

像是阿源遇到的情境，他如果與我一樣，內在也體驗到很多不同的感受，我會請他試著先辨識這些情緒，然後試著先靠近這樣的自己，不要再用過去的方式迴避感受、逃避覺知。

倘若感到壓力山大，也同時去承認這個壓力，並且接納在這個壓力之下的自己。接下來，我們需要在這裡做一個決定：**我，是否要讓自己更為強大，而且改變目前的狀態。**

懂得接納才能明白寬容

開始懂得回應、接納自己感受之後，我們的世界會變得更寬廣。只不過有時，我們對於「接納」大多存在大腦的認知裡，而不是從內在發出的體驗。

我記得某日週末，我與一群好友相聚，大家各自帶了簡單的餐點到家裡聚會。十幾個大人與小朋友各自談話與遊戲，感覺相當熱鬧。

五歲的小堯穿梭在餐桌前後找尋食物，他拿起一個馬卡龍，抬起頭對爸爸說：「我要吃這個。」

爸爸點點頭，看了小堯一眼，但因為正與朋友說著話，也沒顧得上回應。只見小堯高興地手拿馬卡龍，宛如得到恩賜一樣，蹦蹦跳跳地走開了。

只不過小堯離開沒多久，我突然聽到小堯在客廳裡放聲大哭，原來是媽媽阻止小堯吃馬卡龍，兩人正對峙著。小堯雙手握緊拳頭，額頭冒出青筋，咬牙切齒地與媽媽僵持不下。

「我要吃這個，為什麼不能吃？」小堯大聲地說。

雖然小堯一副火山爆發的姿態，媽媽卻很溫柔地回應：「因為之前你答應媽媽了，只能吃一個，現在這是第二個了，你不能再吃了。」

小堯心有不甘，高分貝大叫著說：「爸爸說可以吃的！」

媽媽看了看小堯的爸爸，轉頭對小堯說：「那你問爸爸吧，他之前可能不知道這是第二個了。」

爸爸聽到小堯的哭聲，對著他招招手，把他喚來跟前，說：「小堯，怎麼了嗎？你要吃這個馬卡龍喔？」

小堯看著爸爸，哭喊著說：「人家要吃，為什麼不能吃？」

爸爸一點怒氣都不顯，輕聲地對小堯說：「嗯，爸爸知道你想吃，但之前你答應過媽媽只能吃一個，現在這是第二個了呀，沒辦法讓你再吃了。」

小堯聽到爸爸也不准他吃，突然甩著雙手，大聲哭鬧了起來，並且大喊：「人家要吃！人家要吃！人家要吃！為什麼不能吃？剛剛你都讓我吃的！」說罷，小堯全身繃緊，拳頭還冷不防地朝爸爸身上招呼，雙腳大力跺地，彷彿全世界都應該讓著他一樣。

這時候，所有的大人、小孩都轉頭來看發生了什麼事。即便如此，爸爸仍不為所動，定睛看著小堯，沒說什麼話，只是伸手抱住小堯，讓小堯在他懷裡哭著。

爸爸對小堯安慰道：「爸爸知道你想吃，爸爸知道。」

小堯原本高分貝的大鬧轉變為哭泣聲，身子也漸漸變得柔軟。沒多久，小堯聲音轉變成低聲啜泣，而爸爸只是抱著他，也沒多說一句。再過了一會兒，孩子慢慢在爸爸的懷裡安靜下來。

我看到這一幕，心裡很是讚嘆朋友的穩定和寬容。

我常常在課堂上與學員們討論如何接納孩子的情緒。當我問到：如果孩子在發脾氣時，我們作為大人，是否能夠允許孩子生氣？很多人想都不想就回應：可以允許孩子有生氣的情緒。

但當我進一步模擬孩子生氣的場景時，他們對孩子的應對多半會是：

「就說不能吃第二個了，已經吃太多糖分了，你聽不懂哦？」

「有什麼好哭的，大家都在看你，別哭了。」

「你爸／媽說不行，你去找他／她談吧，我沒辦法。」

聽聽看這些回應，會發現這些話語很多時候是在解釋，想要透過道理壓制孩子的情緒；要不就是用語言威脅孩子，使對方恐懼或是羞愧；再者是「丟開燙手山芋」，一副別來找我的態勢。

究其根本，我們可以發現這些回應動作隱藏了一個意涵，就是「不能讓孩子有生氣的情緒」。通常，我會把這樣的情況稱為「假性接納」。

我們頭腦認知的接納是一回事，但並未心悅誠服地真正打從心裡體驗、臣服。當我們「自以為」可以允許孩子生氣的同時，語言與姿態上卻騙不了人，一再地希望孩子能夠平靜下來，壓抑他們自己的感受，或是能夠轉移焦點。

真正的接納，是在孩子不受傷的前提下，允許孩子發洩這股情緒，讓孩子知道在父母的面前，他們無須壓抑和抵抗，那些身體的盔甲效應也無須升起。因為爸爸媽媽都能允許孩子走完這一段發洩的歷程，孩子也沒有必要感覺到恐懼與羞愧。

如何從「假性接納」轉化成真心接納，關鍵在於爸爸媽媽自己的內在起伏。當我們看見孩子放聲大哭、捶打著父母討糖吃的時候，父母的內在是否也有生氣、挫折、受傷呢？我們怎麼樣回應自己的內在，就會外顯成對待孩子的舉措。

真正的接納不是來自於頭腦的認知，而是從內在開始的臣服力量。

從小父母應對我們的方式，往往會成為長大後內化的一套家庭系統，回過頭來面對自己的家人或是親朋好友時，也都會顯現出來。

在我們有所覺知之後，不要天真地以為每個人都會想要做出改變。有些人常常抱怨頭頂著烏雲、見不到太陽，當他們意識到自己想要撥雲見日、找尋陽光的時候，會猶豫不前，或是侷促不安，然後又會陷入「算了吧，都已經這樣了」的境地，繼續讓烏雲罩頂，繼續抱怨。

找尋明燈的道路是一條起起伏伏的途徑，需要經常聆聽內在的情感能量流動，明白每一個時刻我們都需要在覺知裡，無論內在的聲音或能量用什麼狀態出現，記得先去覺察，然後試著不要抗拒。

接下來，我們需要改變看待自己的方式，試著寫下來二十項喜歡自己的哪些方面，並且大聲念出來，讓身體的能量透過聲音加持我們內在力量，如此一來，我們就有機會改變原本設定的迴路，並且創造一個新的、不一樣的迴圈。舊有的迴路不見得很快就會消失，不過讓它存在也無妨，我們只要多一點覺察，不要重新走回老路，或是少走一點就可以了。

對自己念出自身優點之後，再找一個信任的朋友，把自己列下的優點再說一次。這個功課比前面更難一些，但有助於確立一個「新的自我」，它會改變我們原本負面的行為模式，並且讓自己與他人的關係做出不一樣的改變。

接著，打開自己的心扉聽聽來自別人對自己的正面評價，讓這些正向的思維灌入自己身體裡，像是為打造好的一個新模子注入新的靈魂。讓這些正向評價導入新的感受，深入到我們的內心。

在建立好新的「人設」之後，我們就可以嘗試做出一些應對的改變了。我們的目標並非改變其他人的看法或是感受，純粹是以一個新的樣貌面對我們最親近的人。如果別人仍然對我們情緒勒索，或是把過去他們心裡收到的不平衡感拋過來，記得先覺察自己的內在感受，別急著為自己解釋或辯護。急於為自己辯護的人，通常是因為內在受傷，才急切地想從口頭上討回公道。

「Broken people, break people.」（內在受傷者言必傷人），一個受傷的人，嘴巴上自然只能噴出傷人的刀劍。

當我們懷著關愛與接納，自然就能看到關心的家人其內在的傷。只要他們傷不了你，你就有機會能夠靠近他們，並且用愛包圍家人。

曾經，我也是一個家庭的疏離分子，長期待在海外雖然為我製造了距離美感，但同時也讓我帶著一絲遺憾。

一旦內在有愛，心理商數提升，就能逐漸抹平傷痕，也能運用渴望裡的愛做出人生選擇，而非受限於外在條件，讓別人來影響、主導我的人生。

想要卸下肩上的擔子，我們勢必要能夠：

一、看見自己內在的各種狀態
二、接納這些狀態帶來的衝擊
三、做出想要改變的決定
四、反轉過去看待自己的方式
五、強化自己的正向資源
六、做出應對上的改變

孝順的黑洞

原生家庭的重擔

有時候外在處境沒有任何改變，
純粹是我們的內在做了轉化，就能變得更自由……
看似甜蜜卻又羈絆的愛，正引領著我們的人生。

親愛的崇義老師：

小時候，從沒懷疑過孝順是一種美德。

成長的途中，課本裡的古文、電視劇，或是各種開頭為「從前從前」的故事，都反覆出現「孝順」的概念，使這個概念儼然成為一種信念。

但到底怎樣才算孝順，故事裡沒有標準答案，審核標準人人不同。

長大後發現，有些孝順的故事裡，帶著犧牲、忍讓，有時不見得是件開心的事。如果本身又是個在意他人評價的人，孝順真的會讓人疲憊。

我最近因為朋友芬芬的事，又開始重新思考孝順的意義。

芬芬是個孝順的女兒，至少以我的標準來看是的。三天兩頭與爸媽通電話，每一週至少回娘家兩天，爸媽生病的時候，陪伴著爸媽看病的總是芬芬。有芬芬這麼貼心的女兒，爸媽想必沒有芬芬已經出嫁的感覺。

但婚姻不是兩個人的事，絕對是兩家子的事。成全著芬芬的先生，阿德感受就大不同了，最近更是眉頭皺成一團。娶一個十分孝順父母的太太，似乎有些煩惱。

「她一週要回娘家兩天，我爸媽都在說話了。」阿德說。

一開始，婆家還對於媳婦有幾分忍讓，但「忍」字就是一把刀直直插在心裡，能忍多久呢？

媳婦怎麼老是往娘家跑？這樣子不太好吧？阿德的父母抓著兒子抱怨。阿德兩邊不是人。

「我與芬芬談過了，芬芬說，她家就她這一個女兒，爸媽沒人陪會很孤單，每次回家，爸媽看到女兒和孫女，臉上有了笑，芬芬就覺得開心。」阿德苦苦地描述：「一開始，她開心，我也開心。但過不久，她變得更常往娘家跑，只要岳父母有個風吹草動，她就非得親自出馬。

「我爸媽念我，於是我就向芬芬提了這件事。不提還好，一提她又哭又氣，說又不只一個媳婦，為什麼要這樣針對她、綁住她？與我爸媽之間的心結也愈來愈難解。唉！我也不會講話，本來想當和事佬，一缸水愈攪愈濁。我向爸媽解釋，芬芬不是故意的；然後又對芬芬解釋，爸媽也是重視你啊。結果兩邊都聽不進去，而且兩邊異口同聲地說，我沒站在他那邊。」

阿德講到這裡，我突然覺得眼前的這個人像隻豪豬，背上插滿了箭，而且還是隻很忙的豪豬。兩邊的箭都得擋，難怪他一個頭兩個大。

其實，芬芬的心意我了解，她出嫁那天，我是伴嫁。進行拜別父母的儀式時，芬芬與芬爸芬媽抱在一起，妝都哭花了，差點以為芬芬不想嫁了。

就這麼個女兒，就這一對父母。彼此互相依賴，也不是沒原因的。

但阿德的頭痛我也理解，為了不讓戰火直接延燒，他選擇在中間擋刀擋箭，最後千瘡百孔。

孝順既然被貼了美德的封號，從孝順起頭的故事，應該會是好結局啊！然而這個故事，聽起來好沉好沉，還加了隻裡外不是人的豪豬。

✶ ✶ ✶

親愛的高麗菜菜子：

孝順是我們從小被教育的傳統「美德」，但很多人在無形之中被這樣的「美德」框限住了。

像是我的朋友小潔，在求學時代擇偶的條件之一就是希望先生能夠孝順。她的爸媽從小就灌輸一個觀念給她，如果男人懂得對父母孝順，通常品行不會差。她聽進爸媽的話了。

只是結婚之後，她的先生執意要與年長的母親住在一起，生活一切都以媽媽為主。小潔想要擁有自己房子的夢想，終究只是一場夢，更不用說小潔從來沒有與自己的兒女單獨慶祝過母親節，因為婆婆還在，輪不到她慶祝。

小潔說她的家雖然不愁吃穿，但內在無法自由，與鳥籠一樣。

我能理解阿德與芬芬之間的爭執以及痛苦，因為這就是我朋友小潔的翻版。我想從傳統教育的面向來談孝順帶給我們的觀點制約，再從家庭裡的細節去看待每一刻對我們的意義，最後看看我們是否能夠從這個框架裡釋放出來，從新的角度去看待這樣的家庭連結。

深植血脈之中的孝道教育

在我的課堂裡，曾經有一位中年婦人提到與先生之間的關係緊繃，臉上盡是滿滿的委屈與無奈，她的無力感除了來自與先生之間的摩擦外，更多的還是因為先生無法在她的公婆面前為她捍衛、辯駁。

「他太孝順了！」

這位婦人以一句話總結。

早年的品德教育裡，「孝道」絕對是不可或缺的一環。《論語．學而》篇：「弟子入則孝，出則弟，謹而信，汎愛眾，而親仁。行有餘力，則以學文。」孝列在學習的首位。而清朝依循儒家思想而呈現的《弟子規》中，也是把孝擺在德行教育中最重要的地位。可見華人從小受到儒家思想的影響，對孝道極為重視，這也難怪很多家庭教育裡都不斷告訴我們，對父母要孝順，不可忤逆。

小學的時候，我經常參加演講比賽，在演講稿裡都會加入《詩經．小雅．蓼莪》篇：「蓼蓼者莪，匪莪伊蒿。哀哀父母，生我劬勞。蓼蓼者莪，匪莪伊蔚。哀哀父母，生我勞瘁……」整首詩的意涵就是歌頌父母親的偉大，為人子女當知感恩圖報，面對父母親的老去與死亡，我們要心存哀戚，並且時刻感念父母的養育之恩。

古有《二十四孝》的故事，更是將孝道文化上升到了神話般的格局，連臥冰求鯉、孟宗哭竹這樣的神蹟都能出現，我們怎麼能不感嘆孝順的重要呢？

放到現今來看，這些「孝經」雖然稍嫌八股，卻已經深植華人教育的血脈之中。孝順雖說是中華文化的傳統美德，但同時也是桎梏許多家庭的鳥籠。

芬芬是從女性觀點來爭取對娘家盡孝道、出一分心力。然而，男方的家庭同樣也有「為自己家裡善盡子女職責」的期待，所以才產生了諸多抱怨。到頭來，其實也是因為過去的「孝道」教育給我們帶來的框架。兩方都強調著孝順的重要，而如何拿捏變成是一種拔河比賽般的拉鋸。

要跳脫這樣的困境，我們能不能先看見這個框架給我們帶來的影響，然後承認這個狀態呢？

先體驗家庭之間的愛

在傳統家庭當中，想要遵循自己的心、做自己想做的事，就有可能違逆了長輩的期待，但如果順從了長輩的想法，又令自己萬般苦痛，不論怎麼做似乎都是死胡同。但轉個彎來看，其實最難的，是自己心理卡關的那一堵牆。

芬芬是家裡唯一的孩子，所以她自己可能有著「我不照顧家庭，那誰來照顧」的包袱。而當阿德面對芬芬期待常常回家探望父母親的時候，如果只想在太太與自己父母之間當和事佬，就很有可能兩面不討好。如果可以，阿德可以先探索芬芬這個「我一定要回家照顧爸媽」的觀點怎麼來的，多站在她的立場去思考、感受，並且接納她的想法。同樣的，在自己父母面前也需要同理他們的感受，不評斷他們對芬芬的態度，如此才有可能找到一個可以對話的立足點。

面對一個「需要照顧家庭」觀點的兒子或女兒，通常得先釐清他們這些看法是怎麼來的。

我印象很深刻，有次上課，一位學員小蕙曾經問我一個問題。

「老師，我該怎麼辦？我應該要不管原生家庭，過好自己的家庭生活？還是應該要陪伴我的家人走完一生？」

乍聽這個問題，我一頭霧水。

「你的家人怎麼了嗎？你說要陪家人走完一生？」我核對。

「我的家庭有點不一樣。我的爸爸年紀很大時才娶了我的媽媽，生下了我和弟弟兩個孩子。我的媽媽有輕微智能障礙，沒有謀生能力，而我的弟弟也是輕微智能障礙。」說到這裡，小蕙嘆了一口氣，語氣裡充滿了無奈。

「我的父親好多年前過世了，只剩下我、媽媽和弟弟三個人，靠著我的薪水為生。我在幾年前也結婚生小孩，但我沒有辦法不照顧我媽媽和弟弟，如果沒有我，他們應該活不下去。但是我也有自己的家庭，我先生會抱怨我花很多時間在我媽媽和弟弟身上，我不知道該怎麼辦。」小蕙說。

聽到這個故事，我發現我的內心也有糾結與掙扎。這樣的家庭，這樣的小蕙，她怎麼走過來的？

「小蕙，你父親去世多久了？」

「十幾年了。」

「所以你的意思是，這十幾年來都是你負責家裡的生計嗎？」

「是。」

「這十幾年，你是怎麼走過來的？」我直接了當地把心裡的困惑——更多的是讚嘆和欣賞——提出來。

小蕙頭一沉，眼淚滴滴答答落下。

她描述著這個原生家庭雖然與很多人不同，但對她而言，這就是她的家，只是父親過世後，她彷彿成為了家庭支柱，雖然沒有人特別告訴小蕙要照顧好這個家庭，但這樣的重擔自然落在她的身上。

先生也能夠理解她為家人的付出，但是她經常陷於內疚之中，好像她自組家庭就是一種罪過，即使沒有人這麼說過。

即便辛苦，小蕙與媽媽、弟弟的連結都在。

「我沒有辦法，他們是我的家人。」小蕙說。

「什麼時候開始，你有不知道是要放下家人，還是要繼續照顧他們的念頭？」我問小蕙。

小蕙思考了一下說：「從我生了孩子開始吧。我發現自己有點撐不下去了。」

「怎麼說？」

「為了要照顧自己的家庭，還要照顧我媽媽和我弟弟，我發現自己很累，不知道這樣下去該如何是好。」

「小蕙，告訴我，如果你選擇不照顧媽媽和弟弟，她們會怎樣？」

小蕙愣了一下，似乎從來沒想過這個問題。

「應該……也不會怎樣吧，我們有與社福團體定期聯繫，他們應該也可以給予一點幫助，但我會覺得自己很不應該。」

我停了一下，繼續問道：「說說那個『不應該』是什麼意思？」

「如果我把重心多放一點在自己家庭裡，會覺得自己好像背叛媽媽和弟弟，無法對死去的爸爸交代。」小蕙邊說邊擦拭著眼淚。

「媽媽和弟弟有抱怨過你不理他們嗎？」

「沒有。」

「爸爸呢？他如果還在，你覺得他看到你現在的狀況，他會對你說什麼？」

想到爸爸，小蕙忍不住胸口淤積多時的委屈，傾瀉而出。珍珠般的淚滴，一顆一顆落在地上，同樣敲打著我的心弦。

過了好一陣子，小蕙終於張開口回覆：「他應該會說：女兒，你很盡力了，好好過自己的生活吧。」

一句話說完，小蕙泣不成聲。

愛是支持，也是束縛。家庭當中的愛，包覆著這麼多的情感，糾纏著支持與束縛兩端，時常教人不知如何是好。

我走近小蕙的身旁，想與她更靠近一些，同時眼光也放在班上其他學員身上，發現有不少夥伴也不斷拭淚，我不確定是為了小蕙的處境而哭，還是投射了自己的經驗，抑或兩者皆有。

一陣子沉默之後，我主動開口。

「小蕙，聽起來沒有人會說是你背叛，是你自己說的嗎？」

「是。」小蕙同時點頭。

「小蕙，如果爸爸都覺得你盡力了，你自己呢？你也能夠欣賞自己這麼盡力在原生家庭與新家庭上嗎？」

我想要讓小蕙看見自己的資源，拔掉那個自我評價的利刃，才有機會讓她從內在體驗自由。

小蕙點點頭，彷彿告訴我，她也願意欣賞自己。

「對小蕙說出來吧。」我想強化這個意象。

我引導著小蕙，讓她打從心裡欣賞這個對家庭不離不棄、堅持這麼長久時間卻不放棄的自己。我讓她一字一句地對自己說：「小蕙，謝謝你這麼長的時間都沒有放棄，你做得很棒了。不管如何，我都欣賞你，我都愛這樣的你。」

這是一種資源轉化的過程，讓小蕙體驗到愛的意涵，無限豐沛的能量支撐著她。

「小蕙，我沒有辦法告訴你該怎麼做，但你可以決定自己的做法，如何調整對媽媽與弟弟關注的比重，那都是你的決定。但我認為，如果你的內在能夠先鬆綁自己，不論怎麼做，都不影響你對自己的愛，與對家人的愛。」我最後做了一個註解。

「老師，謝謝你，其實與你講完我輕鬆多了。我知道我放不下媽媽和弟弟，但至少我知道我很愛他們，也會慢慢愛這樣的自己。」小蕙緩緩道來。

有時候外在處境沒有任何改變，純粹是我們的內在做了轉化，就能變得更自由，也有辦法繼續走在顛簸的路上，不斷前行，愉悅並能量飽滿。

愛很複雜，有時甚至很糾纏，但它一直都在。

小蕙父親的愛在她的言談之中表露無遺，這也是孩子能夠勇往直前的力量。看似甜蜜卻又羈絆的愛，正引領著我們的人生。

先別提孝順，從愛開始吧！

面對自己原生家庭，想要孝順並且付出的芬芬，她與家庭之間或許有著我們無法得知的緊密連結；而兩面不討好的阿德，可能直接挑戰的是自己原生家庭與太太芬芬的不諒解。兩邊都有可能感覺到「背叛」。

我先說一個關於背叛的故事。

「父母如今對我來說，只要『存在』著，就是美好。不必改變他們現在的樣子。

「在我的婆婆過世，大體被包起來準備送去火化的過程，我對父母的所有的不公平和怨懟完全放下了。我的婆婆用他的生命幫我上了一課。只要存在著就是美好。不需對彼此有太多的苛求。」

某日，看到好朋友栗子從美國發來的訊息，讓我回憶起去年我與她之間的對話。

雖然事隔很多年了，但我記得很清楚，我和內人剛搬去灣區生活的時候，栗子與先生很熱情地招待我們，並且適時展開雙手，歡迎我們到訪。

栗子的外貌姣好，身形纖細，一臉幹練的模樣。她在美國取得學位以後，職場上發展也頗有成就，但就在她事業看似一路順遂的同時，她擁抱了人生的另一個選項——家庭主婦，這對她而言是一趟豐富也挑戰的歷程。

栗子因為跟隨先生工作的關係，比我還早就搬回台灣居住。並將高齡九十好幾的婆婆也一同接回來，和她們一起在台灣生活。婆婆回來台灣非常不適應，夫妻倆還為婆婆申請了一名外籍看護，為的就是讓婆婆沒有後顧之憂。

後來，應著栗子的爸爸和弟弟要求，外籍看護也到弟弟一家幫忙。栗子向弟弟再三強調，她自己的婆婆需要這名外籍看護，所以只會短暫讓她支援弟弟一下。

等到栗子開始準備申辦外籍看護的延期手續，好讓這名看護能繼續幫她照料跌倒後不良於行的婆婆。沒想到這名看護告訴栗子，她想要回印尼去了，沒辦法留在台灣，栗子百般勸說，也沒辦法讓這名看護留下。

期間栗子與自己的爸爸聊起此事，爸爸只是表示：「人家要回去，也沒辦法。」沒有了外籍看護，栗子自己一人照顧婆婆，還要擔起先生與一對兒女的日常，就更加辛苦了。栗子的爸爸還時不時打電話來「關心」栗子的狀況，還有親家的身體。

就在外籍看護合約期滿之時，栗子收到了勞動局一紙公文，她才發現這名外籍看護的新雇主竟是自己弟弟的名字。

栗子終於忍受不了，這個平時疼愛她的爸爸，怎麼會瞞著她，還幫著弟弟把外籍看護雇走？爸爸明明知道栗子辛苦扛起照顧一家人的工作，已經瀕臨體力匱乏邊緣，怎麼還會如此對她？

栗子的爸媽矢口否認知道此事，還轉而「教育」栗子，要體諒弟弟，不要與弟弟過多計較。

過去關愛的畫面種種，彷彿昨日死。栗子氣炸了，認為爸爸此舉簡直是在她背後戳刀。怎麼一個愛我的人，會這樣對待我呢？這是背叛！

去年栗子在視訊上與我談起這一段時，眼淚不斷流下，她揪著心，覺得好痛、好難過。我只是默默陪著她，沒說太多話。

有時候，「感覺」並不代表事實，卻那麼地真實。

這是身體存在的事實。

練習將腦袋的聲音與身體的感官區別開來很重要，因為我們的腦袋裡喜歡創造出一種屬於負面偏向的故事。而這些「認知」有時並不適合立刻說出來，共情和共感才是陪伴時最好的良藥。

我也有過被背叛的經驗，不過我知道在心痛的時候，最不需要的就是起不了作用的安慰，諸如「別理他們就好了」、「沒事的，明天會更好」、「加油，總會過去的」。

隨著栗子搬回美國，也順理成章地與家人疏離了，她不再與爸爸聯絡，因為內在的憤怒始終盤據不散。

當憤怒像是蒸汽般占據了人的身體與腦袋，前額葉能運作的空間就被壓縮了。在憤怒底下，深層的哀傷也無法宣洩，面對家人也就只能選擇不健康的打岔姿態。其實，栗子還是渴望與父親能夠連結，她希望對父親表達她的不滿，也期待父親能夠張開雙手接納她。不過，栗子卡關之處其實是無法接納那個既期待又怕受傷害的自己。

「你愛爸爸嗎？」我問栗子。

「愛，所以我才會因為爸爸的背叛而難過。」栗子回答：「爸爸其實是我相當信任的人。」

當愛的畫面逐漸被憤怒淹沒，我們只相信現在所看見的，忘記那些曾經發生過的也是事實。在憤怒發展完整過後，再走入悲傷的情緒，最後提取過往愛的資源，我相信栗子可以慢慢連結自己，得到屬於自己的情緒自由。

過了一年，栗子的婆婆離世，帶給了她不同的生命體驗，也讓她有了新的決定。

「我不再對我的父母有任何的不快。那天晚上我拿起電話告知爸爸我婆婆已經走了的事。人生就只是這樣。

「Charles，謝謝你陪了我一小段，解開心結是一個過程，感謝我自己選擇陪伴我婆婆走了最後一段路。雖然辛苦，但我在這個過程中學到了生命裡很重要的一課。

「原本覺得是我們在付出，其實我們才是真正收穫的人。親眼目睹婆婆過世讓我解開心結，讓我看清楚生命的最終本質。雖然我們早就知道每個人最後都要面對死亡，不過親身體驗時才真的知道，那就是在一口氣之間，沒有什麼好生氣、難過的，能活著就是一種幸福。」

愛的人是他，背叛的人也是他。但如何應對、如何做決定的人是自己，不是別人。爸爸沒變，弟弟也沒變，變化的是放自己一馬的栗子。

「我」，才是一切的根源。

回到芬芬與阿德之間。如果阿德可以懂得真正的愛，他可以決定從自己的內在產生出強大的能量，好好傾聽父母的聲音，只要同理他們的感受，好奇他們是否也會感覺背叛、生氣、難過，不用太多的解釋或防衛，因為那只會將彼此的關係推得更遠。

當阿德帶著愛靠近自己的父母與芬芬，接納他們真實擁有這些感覺，讓他們抒發完這些情緒之後，最後再討論出一個大家可以接受的方式。

這不是一道按照參考書就可以解答的測驗題，它需要反覆地聆聽與回應自己內在的衝擊，最重要的是，**不要急著解決彼此存在的問題，而是試圖靠近對方就好**。

先別急著「孝順」吧，請從「愛」開始出發。

走出內在黑洞

導演李安曾說：「孝順是個過時的觀念，我從不教孩子孝順，只教他愛。」原因就是「孝順」二字帶著權力與位階，在彼此無法滿足期待時，會用上對下的姿態要脅，如此一來，關係就會更緊繃。

而「愛」是帶著尊重、包容與接納，從自己的內在散發出溫暖的能量，進而關照他人。如果我們能夠懂得愛自己，才有機會愛別人。

傾聽的黑洞

可以不再傾聽了嗎？

當我們見到朋友有難，自然會本能反應地想要跳下去救人，忽略了跳下去的動作其實是個一廂情願的自動化行為。充其量，那也只是同情，並非同理。

親愛的崇義老師：

「我可不可以不傾聽，還擁有朋友啊？」

我的好友小志，一進咖啡店門，屁股都還沒坐好，就迫不及待地問我。

雖然開頭的這句話有點沒頭沒尾，讓我摸不著頭緒，但猜想這個問題，應該悶在小志心裡許久，看到可以傾訴的人，就像爆米花一樣炸開了。

於是我問小志：「怎麼說呢？」

這句話等於掀開他的悶鍋蓋，小志開始劈里啪啦地宣洩他的內心話。

「我真的聽膩了，每次小陳只要與上級開會，就會來找我抱怨一番。抱怨的內容幾乎一模一樣，還不就是主管對他有偏見、分工不公平、對其他的同仁比較好、每件勞心勞力的事都是他做。唉，小陳總說他覺得主管會這樣，原因就是瞧不起他沒背景、學歷不高，其他同事都是有背景、有學歷的。」

此時，救援隊服務生送上了冰咖啡，小志猛喝了一大口，他終於感覺到腦袋的溫度降下一些。

故事是這樣的，小陳是小志的好友，兩個人許多觀點相契合，雖然在不同職場，但是多年至交。不過，看來小陳這個好友，也對小志產生了些困擾。

「菜菜子，你不知道，」小志繼續說：「小陳每次在公司開會前，就會焦慮地找我講幾句，大概都是先預演一遍，說一說他即將面臨的事件。開完會之後，我又得聽一連串他會後的不滿。現在，搞得不只是他焦慮，連我聽到他要開會，也開始焦慮了。

「但說真的，小陳真的是一個無話可說的好朋友，樂善好施又講義氣，我做什麼他都非常支持我，有時甚至比我自己還了解我。」小志說到這裡，表情藏著為難。

「有時候我會內心勸自己，不就是聽聽他的困難嘛，又不會怎樣，難道身為他的好兄弟，不能聽幾句抱怨嗎？但是我真的很煩，每次陪他抱怨就是半天、好幾個小時，而且內容都一樣。」

的確，雖然聽抱怨不會怎樣，但定期發作，聽的人真的會掉進一個「你又來了」的漩渦裡。

「我也真心誠意地給過小陳建議，有好幾次聽不下去，我忍不住勸他放棄這個工作吧。此處不留爺，自有留爺處，他真的很優秀，應該有更好的發展吧！

「我們都說要先愛自己不是嗎？這樣下去他既不開心，也會不健康，會影響家庭。結果，你知道小陳回我什麼嗎？」小志說。

我搖搖頭，攤手請小志揭曉答案。

「他那次，竟然冷冷地回說：兄弟，我沒有要你勸我離職，我只需要有人聽我講講就好。」

我腦中忽然浮現周星馳電影《大話西遊》裡，那個超愛碎碎念、給建議的唐僧，最後被孫悟空揍飛的畫面。

我嘆了一口氣，小志也像挨了一拳。

「好吧！從此之後，我閉嘴了。雖然學過幾句好奇提問，但那當下我真的不想用，因為他回的答案我都知道啊！問他這樣的公司值得待嗎？他會回我，為了養家沒辦法。就是這樣讓我愈聽愈煩。但他老兄倒好，每次垃圾倒完，說聲謝謝就恢復元氣了，過幾天又看到社群上他和主管一起聚餐的照片，你說，我嘔不嘔？」

我點點頭。當然嘔，別人吃米粉好吃得很，在旁邊喊燒的人聲嘶力竭。

小志看我點頭，他深呼吸了一下，說話又慢了些。

「其實，他抱怨的內容，我都有聽進去。真心替他感到不值得，他應該要去更好的公司啊！他那個主管這樣糟蹋他，我真的看不下去，我心裡不捨也難過，但難過有什麼用？他兩腳就黏在那公司，捨不得年資，也不甘心自己的付出，所以我的難過也只能自己吞。每次聽他說的同時，我內心的ＯＳ比他的抱怨還多，真的快憋爆了。」

我聽到這裡，也只能再次點點頭，好像感受到他聲音裡的無力。

「菜菜子，你學習的什麼自我負責，其實我也懂一些。他的人生不是我的，我不能替他負責，這我不是不知道。但我也擔心，如果我表達了我實在不想聽他抱怨，請他自己負責，那我是不是會失去一個好朋友？而且，我身為一個好友，居然連傾聽的功能都做不到，這讓我覺得自己很糟，而且是一個對我這麼好的朋友。」

小志從進門當下臉紅脖子粗的生氣，講到這裡，我感受到他心中有一股悲傷，帶著自責，也跟著深深嘆了氣。

我們總說，溝通的第一步就是傾聽吧！但平靜單純的傾聽，有時候真的不太容易，面對像小陳這樣定期發作的朋友，也有可能是我們年邁的父母長輩或是主管，總是愛回味往事，不斷地重播一些陳年記憶與舊傷。

此時如果我們耐著性子聽，好像又委屈了自己，這樣的溝通是否就是一個品質不太好的溝通呢？

小志問我的，可以表達自己的不想傾聽，又希望可以維持良好關係，是存在這世間的嗎？

✶ ✶ ✶

親愛的高麗菜菜子：

當你信中帶著問題，想要知道「不傾聽又可以維持良好的關係」是不是有可能，其實你自己給了一個很好的答案。你全程傾聽小志是委屈、難受的嗎？如果不是，那麼朋友之間就會因為你的傾聽而得到了情緒紓解。

「不想傾聽」的原因，通常可能代表著我們的內在感覺到焦慮或是急躁，所以才要急著打發對方，或是想要對方直接照你我們的方法來做。

一個好的對話自然是從傾聽開始，我接下來將從為何要傾聽、看見自己內在感受、同理對方再回到覺察自我來談。其實，不願意傾聽是個假議題，真正的困難在於我無法接納煩躁、焦慮、不安的自己而已。

溝通始於傾聽

小志在面對好友小陳在吐苦水的時候感到有些壓力，這就是傾聽者最困難的地方。看見一個人陷落在困難之中，我們總是會習慣性地要伸手去救，彷彿我自己還沒覺察到我不會游泳，也沒穿上救生衣，就急著跳下水去救人。

換個比喻來說，很多人都有坐飛機的經驗。當飛機開始滑行後，空服人員就會請乘客繫好安全帶，並且介紹急難時的逃生措施。

幾乎所有的空服員都會告訴機上乘客，如果遇到亂流或飛機失速，氧氣罩掉下時，請優先戴好自己的氧氣罩，再幫助周遭的老弱婦孺戴上氧氣罩。

為什麼不是先幫忙老人或孩童戴氧氣罩呢？以前的我經常感到狐疑。不過我想先把疑問留在這裡，也許最後你就知道答案了。

二十世紀初，在愛爾蘭出生的知名劇作家蕭伯納（George Bernard Shaw）曾說過：「溝通最大的問題在於，人們自以為已經做到溝通了。」（The single biggest problem with communication is the illusion that it has taken place.）

很多時候，在人與人的互動之中，我們很常以為自己已經表達得很完整了，殊不知對方可能聽話時左耳進，右耳出，要不就是沒有在狀況內，或是因為感覺到壓力，表面上好像正在聽話，實際上心思早就飛遠了。

真正的對話，不在於我們多能言善道。好比電視上的政論節目，裡面的名嘴說得頭頭是道，但真正觀看節目的大多是屬於同溫層的觀眾。這也就是說，如果我的心裡早就有了自己的定見，聽到別人在台上誇誇其談，就算別人說得多麼有道理，我也不會想要聽進一分一毫。

相對而言，如果坐在對面的人，是與我切身相關的家人或朋友，我如果想要展現良好的同理心，就勢必要提高自身的傾聽功力了。所謂的傾聽，「傾」帶有積極、趨前的意味，這表示我們除了耳朵要豎得老高、眼神專注、身體向前貼近之外，也要主動地多加回映與核對。

回映，說的是「Reflect」，代表著我們統整資訊後，再把訊息返回給說話者進行核對。先不要急著論斷或是給予解決方案，只要做到全神專注傾聽，就能夠帶來一些療癒作用。

溝通始於傾聽，一個好的聆聽者需要有一些方法：

一、時刻在心中有個目標：我想更了解對方
二、不是只有專注在對方談話的內容上，更需要專心聽聽對方的感受
三、避免一直想要打斷對方的衝動
四、自己想辯解的話語先放在一邊，等到彼此心意能連結時再談
五、保有同理心與憐憫之心
六、時不時核對一下對方所說的內容，讓對方明白我是真的理解了
七、進一步討論之前，先整理、總結一下自己聽完之後的理解

其實很多關係的斷裂，都來自於得不到對方的傾聽。**一旦我們表現出積極傾聽的姿態，這就是雙方連結的第一步。**

「你說的，我聽到了，謝謝你告訴我你心中的想法。」這樣的回應，至少是化解爭議的起手式。

自從接觸心理學之後，我才慢慢懂得把注意力放回自己身上，在內在裡設定自我優先的順序，先把自己照顧好了之後，行有餘力才開始幫助他人。

就像坐飛機戴氧氣罩，如果我們在亂流時刻只顧著幫助別人戴氧氣罩，那很有可能自己會首當其衝遭受危險，而他人也無法得救。

在內在把自己先放在第一順位，並不代表我們自私，而是鍛鍊自己的心智肌肉，讓自己足夠強大後，再去關照別人。唯有這樣，我們應對他人的品質才有可能提高，別人也不需要反過來一直照顧我，形成溝通上的滯礙。

這就是在內在機制裡多觀察自己，避免讓自己急著陷入到別人故事裡。對小志與小陳而言，小志急著提供答案給小陳，終歸是因為小志還沒整合好自己內在的情緒紛擾。他可能在聽聞小陳的故事時有著焦慮、不安、擔心等感受，我們的慣性通常都是不去覺察這些細微的感受，就去做出不必要的救人動作。

所以，現在可以做的是，先試著回應自己，跳脫過去「救人」的慣性動作。

同理而不是同情

許多人誤將同情心視為同理心。

如果朋友來找你訴苦，說「我失戀了」，你會怎麼與他展開對話呢？

若是回答：「你很難過，我知道。」很明顯的，這只在同情朋友，而不是真正同理他人的感受。

同理與同情最大的不同，就在於把自己放進對方的立場，以對方的角度來感受與思考。英文有一句話叫「Put yourself in someone else's shoes.」（穿進別人的鞋子裡），意思就是從他人的角度來體驗。

假想你的朋友掉到一個兩公尺深的黑洞裡，如果你只是站在洞口告訴他：「下面很黑暗、很潮溼，一定很不好受，你趕快上來吧。」在洞裡的人是不會感覺到被支持的。唯有搬張梯子緩降到洞裡，真正在洞中與朋友站在一起，體驗過才轉身說：「原來這個洞這麼黑、這麼潮溼呀，真不舒服。」這樣的語言才容易對朋友產生支持的力量。

遇到朋友說「我失戀了」，我們雖然無法立刻跳進那個失戀的困境裡，但至少我們可以透過一些提問讓對方多提供一些訊息，以便我們更理解這個「黑洞」長什麼樣子、帶來什麼樣的衝擊。

不過理解他人的黑洞之後，一樣別急著救人。

《金剛經》說道：「若菩薩有我相、人相、眾生相、壽者相，即非菩薩。」若能參透此佛法中的道理，我們或許可以在度人之前，先能自度。

我記得在某一次課堂結束後，有一名學員來找我談話。

「老師，我有一個朋友，她遭遇了一個挫折。她的妹妹幾年前自己了結了生命，而她一直在這個陰影之中走不出來。她相當自責，總是把妹妹的死怪罪到自己身上，她覺得當年要是多陪伴妹妹、多開導她一下就好了。

「老師，我要怎麼幫她呢？」學員問。

我沉吟了一下，看著這位心焦面善的學員，心裡興起了憐憫之心，但我知道，只要一動了「拯救者」的心念，那我就要陷入卡普曼戲劇三角[2]的輪迴了。

我嘆了一口氣，問道：「能不救她嗎？」

學員皺著眉，不明所以。

「你見到朋友深陷痛苦之中，你的感受是什麼？」我換了一個問句。

學員的鼻翼微微抽動了一下，回覆道：「心疼她吧，也有很多的無奈。」

我整理了一下思路，問道：「你在這裡有了心疼與無奈，要怎麼回應自己呢？你可以有這些感受嗎？」

「老師，我可以呀，這些感受升起來的時候，我就想著要怎麼幫助朋友。」

「不，我還沒說到幫助朋友的事。我問的是，你的感受開始盤旋，你能夠看見並且允許這些感受一一在你的身體裡發生嗎？」

學員似懂非懂。

很多人誤解了同理心，以為對一個人同理就是要幫助對方脫離苦海，希望解決他人的問題，殊不知，我們看到別人掉入深淵之中時，自己就興起了一個執念，認為別人在洞裡，去救他是我們的責任。這個執念其實伴隨著失落、心疼、悲傷等感受。

如果我不允許自己可以失落，那麼這執念就無法順利放下，而卡普曼的戲劇三角就會從此處開始遞延展開。充其量，那也只是同情，並非同理。

所謂的同理，是帶著愛與接納而來的。

當我們見到朋友有難，自然會本能反應地想要跳下去救人，忽略了跳下去的動作其實是個一廂情願的自動化行為，「業力」隨著以往神經迴路的設定開始困擾我們，於是我們有了各式各樣的煩惱出現。

別搞錯了，我的意思不是「見死不救」。

我們在投身救人行動之前，是否看清了自己其實已經陷入業力的漩渦之中，而無法自拔？

在看見他人受苦受難時，要能夠先觀照自身的變化。看看那些感受、想法是不是隨之起舞？我們是不是能夠先穩住基本，環顧自身的能量是否充足之後，才慢慢投下救人的繩索，將自己緩步垂降到洞裡？

「菩薩」一詞從梵語「菩提薩埵」而來，翻成中文叫「覺有情」，也就是覺悟有情的眾生。可見「覺悟」才是我們需要做的第一要務，而非「救人」。沒有「覺悟」的人

2 由史蒂芬．卡普曼（stephen Karpman）博士提出，人類互動時產生的社會化模型是三個不同的角色在交互輪替，此三個角色分別是加害者、受害者與拯救者。

通常會順著慣性行事，喪失了「覺」的本性，一味想要救人的結果，通常會搞得自己委屈、犧牲，甚至怪罪四方。

提醒自己「不要救人」就是讓自己能夠中斷過去的慣性，把「覺知」先灑進這個縫隙之中，先打通自己的任督二脈再想著如何進行下一步，都還不遲。

懂得接納自己衝擊、靠近內在冰山的人，一般來說就能夠挾著巨大能量，帶來無比接納，這時候就可以透過關懷的提問來貼近「洞裡的人」。

在佛教經典中所認定的菩薩，通常是已經明心見性、證悟有道之人。你我都有機會成為悟道、頓開之人，並且發心菩提，但前提是要提防自己墮入無明。最簡單的方法就是提醒自己：別急著救人。

菩薩要的是先「覺悟」，而非先「救人」。《金剛經》有言：「凡所有相，皆是虛妄。若見諸相非相，則見如來。」這也是為什麼所有的溝通都需要由內向外發展。先求諸己，再循應對。

回到心浮氣躁的小志身上，若是可以跳脫這個慣性迴圈，就有機會透過提問來貼近小陳，壓根兒不需要給小陳任何的建議，小陳就會感覺到溫暖與支持。

傾聽時最大的課題是自己

我們先來想一想：假設你是小志，聽到小陳來向你抱怨以下這幾件事情，你會怎麼回應他呢？

「我的老闆分明對我有偏見，他分配給我的工作比阿昇多，還要求我要用比較短的時間完成報告。」

「我就是學歷不高啦，只有私立大學畢業，哪像阿昇從國外留學回來，講得一口流利英文，老闆見到這種的都特別喜歡。」

「明天老闆叫我去開會，準沒好事，我為了這個會議不知道死了多少細胞，收集了很多客戶資料，也不知道能不能派上用場。」

針對第一件事情，如果回答：「你可以向老闆反應啊，叫老闆不要派給你這麼多工作。」小陳應該會覺得這個建議無用。因為小陳的老闆是什麼樣性格的人，小陳自己應該最清楚，這個建議恐怕都在他腦海中想過好幾次了。即便他接受了這個建議，也要面臨到接下來的問題：怎麼反應、如何克服面對老闆的恐懼等等。

針對第二件事情，如果回答：「你也可以試著去考研究所或是上在職專班增加自己的學歷啊，要不然拿個證照也可以。我知道現在有些證照很值錢，拿到了以後對你日後的職業生涯也有幫助。」這個建議看起來很好，只是我們其實不知道小陳是真的覺得自己學歷不足，或只是氣憤老闆沒有看見他的價值。一個人的價值如果連自己都否定，大膽來說，他即便有了高學歷也不見得會肯定自己的價值。所以對話裡，需要從小陳的自我價值裡去看見他的資源，再給予回饋。

針對第三件事情，如果回答：「我來幫你的忙吧！我可以幫你整理資料，看你需要什麼，交給我來做。」這樣的回應姿態傾向討好，也無形當中把別人的責任往自己身上攬。如果這是你慣用的姿態，不但對方以後不會領情，還會覺得你搞錯重點，而且你自己也會覺得委屈不堪。

總而言之，這幾個問題在回應之前，我們應該先看看自己是不是有一種無力與無助感，還是興起了另外一股焦慮感呢？這些感受如果沒有先得到舒緩，再多的回饋可能都沒有辦法切中目標，讓聽話的一方感到被支持。

某次我在帶領工作坊時，課堂裡的學員小綺在課堂裡與惠玲進行對話練習時，很擔心自己說話太直，會傷了對方，所以在練習結束時詢問我：如果不小心說話刺傷別人，該怎麼辦？

「小綺，你在教室裡練習怕說話傷了別人，這與你平常的習慣也有關嗎？你是否也會在日常的對話裡，害怕講話不得體而傷害別人？」我問。

「對呀，這也是我來上課的目的。有的時候因為害怕說話得罪人，所以我也不大敢表達自己內在的想法。」小綺清楚說明她的來意。

「原來如此。你會想要表達自己的想法嗎？」

「嗯，會。」

「表達得不好會怎樣？」

「怕對方覺得我都沒有顧慮別人的感受，也怕自己傷害了別人。」

「你經常傷了別人嗎？」

「也沒有，是我自己這樣覺得。」

「那麼你想要什麼呢？是如何不傷害別人又可以表達自己嗎？」我核對。

「對。因為我常常覺得自己表達不完整，但又怕說多了，使別人討厭我。」小綺囁嚅嚅，深怕自己說錯了什麼話。

像小綺這樣的夥伴，我見過不少，他們大多想要學習如何對話，找到與人應對的技巧。但其實依我的觀察，小綺並不是說話有障礙，或是詞彙不夠多，大部分卡關的地方還是內在的排序問題。

「小綺，如果話說出口有可能會讓人覺得不舒服，但不說又覺得自己委屈，你會怎麼辦？」我問。

「可能就選擇儘量不說吧。」小綺靦腆回覆。

「那不就經常使自己陷於委屈的境界之中？」

小綺點點頭。

我問小綺，剛剛在對話練習時，對惠玲說了什麼，害怕會傷害到對方。

「惠玲說她從小是一個聽話的孩子，爸爸媽媽說什麼她都照做，但她交的男朋友，爸媽都不太滿意。有一次，惠玲為了捍衛自己的感情，與爸媽大吵了一架。我就問她，是不是當時覺得男友的地位比爸媽來得高。我說完覺得不大妥當，不知道她會不會誤解我的意思，真是抱歉。」小綺一臉歉意的模樣，看起來真的是覺得有點後悔。

「小綺，我們不如直接來與惠玲核對一下好了，好嗎？」

我邀請惠玲針對剛剛小綺的話語給予回應。問惠玲是否覺得小綺這句話不妥，讓她感到受傷。

惠玲說：「沒有啦，我知道小綺沒有惡意。我也很害怕小綺覺得懊悔，所以如果剛剛我的回應讓小綺感到不舒服，我也向她道歉。」

我腦海中突然浮出小綺與惠玲兩人都為了彼此不斷哈腰屈膝的模樣，不禁覺得太有趣了。接著，我與現場的夥伴們提到，如果每一個人都只在意他人，你照顧我，我照顧他，大家都為了別人負責，看起來像是烏托邦的場景，多麼美好。但現實裡往往受傷的是自己，因為一個不懂得照顧自己的人，在照顧他人時不僅難以同理別人，同時，自己的順位也被排在後方而不受到關愛。

我請大家將關注力放回到自己身上，想像自己所處的位置都在別人的下方，自己眼光都看著別人，內在的感受為何。如果我們沒有先看到自己，反而把注意力都擺在別人身上，當然會像小綺一樣，時不時就感到內在委屈。

朋友深陷痛苦之中，我們可以做的就是陪伴，其實不需要太多言語，只要專注地傾聽，就可以讓對方得到同理，並且帶來療癒的效果。

所以想想看，為什麼當別人不斷抱怨時自己不想要傾聽，絕大多數是我們無法覺知內在正在興起一些感受，不讓這些感受持續發酵或是擴散，所以慣性地想用外在的行為或語言來讓對方別再繼續講下去。到頭來，是我們無法接納一個焦躁的自己而已。

反過來，只要先能夠覺察自己，先允許自己的感受，對話時再適時穿插一些支持性的語言就好，比如：

「那真的很糟糕。」
「聽起來這事真不好辦。」
「聽到你的經歷，我也感到難過。」
「真不敢想像這個過程有多痛苦。」
「我在這裡陪你。」
「我相信你。」
「我還可以幫你什麼嗎？」

如果我們自己沒有時常覺知自己，就很容易掉進先前所提到的惡性循環裡。那要怎麼才能擴大自己的覺知呢？

我想說一個故事。

某天，一個二十九歲的青年突然在極度恐懼中醒來，他甦醒之後感到惶恐，對於這個世界感到非常疏離。他深呼吸了一口，沒想到胸口亟欲作嘔，頭腦暈眩。他張開眼睛環顧四周，發現這個世界充滿了敵意，毫無意義。

這個青年長期以來就有焦慮、恐懼與沮喪的傾向，沒想到今天這些情緒已經接近沸點，他快要無法忍受心裡那股狂流，一直浮起這樣的念頭：「我再也活不下去了！再也受不了自己了！」

就在瀕臨崩潰的時刻，這個青年突然發現這個念頭很奇怪，他開始細細地抽絲剝繭這當中詭異的地方，他發現：「如果我再也受不了自己了，那麼我的心中必然存在著兩個我——『我』和受不了的那個『自己』。

「這個『我』是誰，那個『自己』又是誰？在這個身體裡面，到底有幾個『我』，一個？兩個？……還是更多個？」

在探索之後，青年的內心突然變得空空蕩蕩，而身體陷入了能量漩渦之中，這個漩渦愈來愈快、愈來愈快，致使他的身體開始震動，並且陷入極度的恐懼之中。這時候，他的胸口突然傳來了一道聲音：「不要抗拒。」

到了第二天，這位青年醒來，突然發現內在有種莫名的平靜感，看待這個世界像是罩上了一層光亮，萬物皆變得可愛了起來。

他開悟了。

很多時候，我們在過去的慣性裡不斷繞圈圈，因為以往大腦受到刺激，神經元在重組與學習的過程中製造了一種迴圈，導致我們每次遇到類似的情境，就會產生自動化反應，久而久之，我們幾乎不需要新的覺知，就在一種無意識的狀態裡生存著。

如果我們無法覺察到每一個當下自己內在的湧動，我們又怎麼會知道，我想要的情境到底是什麼呢？面對身旁親友抱怨的議題，記得要時時提醒自己：是不是又在舊有的迴路裡工作了？是不是以往我們應對的時候都有慣性姿態？

能夠多一點覺察，傾聽的功夫就能做得更到位。

想要有好的對話，必須先能夠從連結自我開始；而想要連結自我，就必須覺察每一個當下。

這個二十九歲開悟的年輕人，後來於一九九七年著作《當下的力量》（*The Power of Now*）一書轟動全球，也成為很多人學習靈性、證道的典範，他就是艾克哈特・托勒（Eckhart Tolle）。

關於傾聽，有沒有發現，自己無法做到專注傾聽的原因與自己內在的感受有關？下次如果有人來找你抱怨或講心事，記得先刻意停頓一下，做個深呼吸，然後在心裡問問自己：這時候的我，心中有沒有生氣、焦慮、煩躁、不安、擔心、害怕或悲傷？

如果有任何一種情緒，請記得：

一、看見情緒（See it）

二、承認情緒（Acknowledge it）

三、允許情緒（Grant it）

四、接納情緒（Embrace it）

不要先急著回應對方，當我們學會接納自己內在的感受與聲音，自然就比較能接納對方的感受與聲音了。

和解的黑洞

過去，是否影響了現在的我？

倘若憤怒無處可去，原諒就永遠進不來……
改變看待過去經驗的看法，
每一個當下，我們都可以重新體驗一個新的經驗，
並且做出最適合自己的決定。

親愛的崇義老師：

這次，是我自己的故事了。

我小時候，那個保守內斂的年代，「愛」是隱形的，雖然隱約覺得它存在，但不常被說出口。嬰兒幼童時期因為無法自理生活，也還夠可愛，似乎比較有機會被擁抱。愈長愈大，愛的肢體語言逐漸稀有。

迅速成長到五年級那個暑假，不管身或心，我感覺自己很不一樣了。

青春期的桀驁不馴，讓世界變得熱鬧也孤獨，熱鬧的是朋友變多了，同儕間嬉鬧歡笑，揮霍著以為使用不完的青春。但回到家，感受到的是孤獨。

我記憶中，爸爸第一次解不出來我提問的數學題，那瞬間我隱約明白，我將超越他們，而不用一直仰望他們，頓時有種長大的感覺，卻也害怕著受傷時，不知道自己能夠依靠誰。

複雜的心情將這段距離愈拉愈開，也讓原本就稀少的愛的語言，更難以表達。彼此不道謝、不說愛，原本就木訥少言的爸爸，變成一個除了吵架外，難以說上兩句話的、陌生的熟人。

我的媽媽感受到了這一點，有次特別安排了我與爸爸兩人的小旅遊。說是小旅遊，記憶中就是在當時的新公園和歷史博物館走一圈。與父親拉近了一點距離，是開心的；

但更多是尷尬的氣氛，瀰漫在我與父親之間。此後，我也不太願意與父母出遊了。

這個青少女逐漸長大成為母親了——如今我也有了一個女兒，在女兒第一天上小學的那天，鬆手讓她自己走進校園，看著她離去的背影，我突然害怕了。是不是再四年、五年，我女兒也會如當年的我一般，就此與我疏離？

這個害怕隱隱在心裡戳著舊傷口。於是，我與女兒做了一個約定，每一次與她擁抱，我一定加上一句：「寶貝啊，我們可以一直抱抱到你六年級嗎？」

年紀還小的女兒，總是開心地答應，勾勾小拇指那樣的堅定。

這一句承諾，微微壓下了我內心的不安。但隨著女兒長大，這些不安又蠢蠢欲動。很快的，女兒六年級了。從她的臉上，我看到從我身上複製貼上的桀驁不馴，想抱她一下變得困難了，慶幸女兒還是會慢慢地像樹懶一樣爬過來，給一個我奢望的擁抱。

有天，我感嘆地對她說：「好開心，我們真的抱到你六年級了。」

女兒突然說了一句：「那你為什麼不與你媽媽抱抱？」

這句話，讓我整個呆掉。

女兒接著自顧自地說：「不過，你與她抱抱也很奇怪啦！」

這句話像搬了個梯子，讓僵直的我可以有台階下。

當下的我臉上掛著勉強的笑，一句話也說不出口。

雖然，我這幾年與父母的關係有幾分的進步，但依然還達不到親密擁抱這一步。

我內心夾雜許多感受。最大的困惑是：「我得與父母和解到某一個程度，才有機會與女兒更親近嗎？」

是不是我放不下過去，就沒辦法前進未來？

是不是我與父母沒辦法更進一步親近，就無法與孩子親密？

現實生活與戲劇真的很不同，戲劇裡上演大和解總是一瞬間，現實人生卻是好久的旅程。

我想知道的是，和解，是必須要走的路嗎？

✶ ✶ ✶

親愛的高麗菜菜子：

和解，這真是個大議題！

如果我們過去帶了很多的傷痛，想要好好地繼續往下過生活，當然最好的方式就是能夠放下與和解。這時候，我們很有可能會碰觸到是否原諒的問題。

我相當喜歡湯姆．漢克斯（Tom Hanks）在《知音有約》（*Beautiful Day in the*

Neighborhood）裡飾演電視節目主持人，對來訪的記者說的一番話。

「知道原諒是什麼意思嗎？

「讓一個人在憤怒的情緒中得到解脫。」

倘若憤怒無處可去，原諒就永遠進不來。發現、覺察、抒發內在的憤怒，健康地宣洩這個情緒，**悲傷會隨之而來，而原諒才能有出口，生命才能重拾它的力量。**

如果在短時間之內我們無法放下、和解或是原諒，先看見這樣的自己並且接納就好，因為這一條道路本來就沒有那麼容易。套一句漢克斯在電影裡說的話：「有的時候，最愛的人反而最難原諒。」

過去的內在設定

菜菜子大概找到影響自己行為與應對的隱藏密碼了。

人在幼年的時候大腦發育快速，根據科學家的研究顯示，在嬰兒時期的九個月間，大腦會呈現爆發性成長，每秒有可能新生兩萬個神經元，而成年人一天或許只能製造出七百個神經元。這些神經元每天不斷成長、相互連結，交織成綿密的神經網路系統，也促使我們透過接受外界刺激的經驗，儲存世界觀。

雖說菜菜子小時候與父親的關係略顯尷尬，但看起來母親刻意安排的博物館小旅遊還是帶來了珍貴的回憶，畢竟菜菜子也說，能夠與父親拉近一點距離，是開心的。

我們到底希不希望與父母親更靠近呢？過去的成長經驗都在不知不覺間變成一種記憶編碼，寫入我們的大腦神經系統中。我們對於父母的一顰一笑尤其敏感，因為主要照顧者幾乎是全天都與我們在一起，他們是我們進行社會化的第一個模仿對象。爸爸媽媽的眉頭緊皺、雙眼凝神、嘴角弧度、脖子傾斜等動作，都快速地暗示我們，他們是處於愉快、興奮、緊張、焦慮或尷尬的狀態中。我們的鏡像神經元會投射別人的內在經驗，我們的身體也會隨著大腦處理的訊號做出相應的調整。

人類透過學習，開始趨吉避凶，所以過往不好經驗可能就會主導著身體密碼，讓我們習慣性地避開以前痛苦的坑洞。但我們同樣有著被愛、被關注、被接納等渴望，通往這些渴望的道路若是被封閉，同樣也會讓我們變得挫折和苦惱。

這一條一條封閉的道路變成了我們內在的一種設定，彷彿是一座複雜的迷宮，讓我們重複地走著相同的路徑，卻不自知。

我記得在我課堂裡，有一位媽媽惠雅，她來詢問我，如何與孩子好好談話。

惠雅坐在台下靜靜地聽我講課，雙手安分的放在雙膝之上，眼神柔和，不過好幾次欲言又止。我見到惠雅的狀態，停下課程內容，探詢她是否想要開口發言。

惠雅點點頭，我抓起桌上的麥克風，遞了過去。

「惠雅，你想說話是嗎？」我問。

「老師，我想問一下，如果我想與孩子講話，他都不大理我，這樣要怎麼處理？」惠雅囁嚅地提出疑問：「我覺得自己作為一個媽媽，做得很累，也很沒有價值。」

「沒有價值？你怎麼會這麼想？」我聽見了一個重要的關鍵字。

「老師，我也不知道，好像從小到大都覺得自己做得很差勁，在別人眼裡都是不重要的。老師剛剛在台上講到指責、超理智、討好與打岔等四個姿態，我覺得我一直以來都是討好居多。」惠雅自我剖析了一番。

「惠雅，你說自己在別人眼裡不重要，這個『別人』說的是誰？」我想從惠雅的語句中釐清，哪些人對她而言是重要的，何以讓她這麼在乎別人的眼光。

「我爸爸媽媽吧。」惠雅輕輕吐出這幾個字。

當惠雅說到這裡時，她的神情看起來有點落寞，眼神更顯得黯淡，彷彿一個消了氣的氣球縮在牆角一般。

聽到這裡，我腦海裡有一些想法進來。我猜測惠雅的討好姿態與她的父母有關，不知道她小的時候經歷了什麼故事，讓她轉變成一個需要討好的人。我打算潛入惠雅的冰山探索一下，看看這個成因是什麼。一個自我價值感不足的人，當然在很多時候有可能覺得存在感很低。

這就是我提到的內在設定。我們縱使很想要與孩子接近，我們的行為卻一再出現討好的姿態，孩子必然掌握了高位階的話語權，在談話時，我們也就不容易與孩子親近。

唯有找到很久以前的原始設定，從那個地方撥動迴路，我們才比較容易改變自己的慣性，那些存在已久的「習氣」。

改變既有的迴路

如果我一味地提供「方法」給惠雅，而不去看見真正羈絆她的慣性，以及她長久以來的內在枷鎖，恐怕就像是教一個害怕下水的孩子，在水中要如何漂浮起來一樣，毫無效用。

惠雅面對孩子，長久以來採取討好的姿態，這是因為受到過往經驗影響而形成的內在設定。

當一個媽媽一直蹲在地上與家人說話，凡事都需仰望他人，位階過低，自己很容易轉化成為一個受害者，也很容易把別人當成加害者。如此一來，兒女當然因此不願意與媽媽有真心的互動，因為一旦互動，很有可能就代表「我真的是一個加害者」了。

在我講述這些道理以前，我決定探詢惠雅，她是否在原生家庭裡曾有過一些畫面，讓自己倍感威脅與委屈，在那個象限裡刻印了大腦神經迴路，造就了如今的冰山。

我整理過腦袋中的思路之後，停頓了一下，向惠雅詢問：「你還記得爸爸或媽媽與你談話的姿態嗎？爸爸對你的姿態是什麼？」

「指責吧。我只記得小的時候我都感覺到很恐懼，很害怕被罵。」惠雅說。

「害怕被誰罵？也是爸爸嗎？」

「嗯，小時候我每次在院子裡玩耍，聽到遠方爸爸摩托車的聲音，我就會很害怕地趕快跑去廚房裡做飯。」惠雅邊說邊回憶起小時候的場景。

「那時候你大概幾歲？」

「我也不大記得，很小的時候吧，可能剛上國小。」

「剛上國小，你就需要做飯？」我感到驚訝。

「對呀，因為爸爸媽媽工作忙碌，家裡很多時候都需要我幫忙，所以很小的時候我就學會做飯，幫全家人做家務。」惠雅嘆了一口氣。

一個才剛小學的孩子，不是應該過著無憂無慮的遊戲童年嗎？怎麼會需要幫家裡做飯呢？家裡大人對這個孩子的想法是什麼？孩子對大人的看法又是什麼呢？我心中充滿了好奇。

「惠雅，你說爸爸回家時你就需要趕緊跑去廚房做飯，你當時害怕嗎？」我問。

「害怕呀，怕沒做家事被罵。」惠雅說。

「從小就需要做家事，這麼小就學會煮飯，這與你剛剛說『沒有價值』有關嗎？」我追問。

「應該有吧，因為我從小就知道，我其實是多餘的。」惠雅說到這，滿臉的無奈。

「多餘的？是誰告訴你的？」我很訝異。

「我很小的時候，大概有記憶之後就知道了。爸爸媽媽都說如果不是因為姐姐意外死去，可能也不會把我生下來。」

聽到這裡，我心裡頭大概知道原因了。

父母不論是有心還是無心的一句話，造成惠雅一輩子的自我價值感低落，她的出生並沒有得來家長的喜悅（至少她的腦袋是這樣認知），反而讓她覺得自己的存在是不重要、多餘的，不管她這輩子如何努力，可能也都無法取代姐姐的地位。

這樣的想法多麼令人心酸。

「所以你在家裡就需要千方百計討好爸爸媽媽，來證明你自己的存在價值是嗎？」我問惠雅。

惠雅頭低下來，眼眶溼潤，雙手有點無措地緊握，手指不停環繞轉動。

見到惠雅沒有答腔，我繼續提問：「惠雅，你看看眼前那個大約十歲的國小孩子，在家庭中需要忙前忙後，照顧爸爸媽媽的想法。我想請你深呼吸一口氣，然後告訴我，這樣的孩子值得被關注、值得被愛嗎？」

惠雅點點頭，回答我說：「值得吧。」

我經常在課堂裡向學員們解釋，大腦會將過去學習到的動作存在基底核裡成為內隱記憶，每次遇到刺激時就會自動存取這個記憶，彷彿電腦的暫存區一樣，不需要重新經歷前額葉這個中央處理器的運算。

如果簡單區分，慣性回應通常是頭腦認知的快速反應，這個現象我稱之為「頭腦回應」；而重新運算，由身體經驗過後才緩慢回應的動作，我稱之為「心的回應」。

我請惠雅不用這麼快速回應我，並且請她緩慢地做一次深呼吸，然後感覺一下自己的身體，有意識地帶領自己到胸口位置，從這個地方發出聲音來。

我又慢慢地問了一次：「惠雅，你值得被愛嗎？」

經過重新設定之後，惠雅不再存取暫存區的資料，她深度體驗自己的身體之後，整個人震盪不已，鬆掉原本緊繃的肌肉，眼淚如雨地落下，身體開始發抖。

水龍頭打開之後，惠雅有幾度想要關起來，但內在湧動的委屈、無奈、難過與自責怎麼可能宣洩得完？惠雅愈是想要中斷這個感受，身體愈是晃動得厲害。

「讓它來吧。」我輕聲告訴惠雅。

惠雅低著頭，眼淚不停地流，身體不再抗拒之後，抖動的頻率慢慢減緩。我知道調節的過程需要在一個安全的環境下走完這個歷程，往後的日子裡，雖然仍會感到不適，但能量釋放之後會愈來愈輕鬆。

我邀請惠雅想像著那個從小就需要做飯、害怕被責罵的小朋友，以一個成年人的姿態去靠近這個孩子，並且無條件地擁抱她。因為不管如何，她在這個世界上，都值得一份關愛。

惠雅的提問雖然是針對她的孩子而來，原本想要改善親子之間的關係，但這當中有一個很重要的關鍵在於她的姿態過於低下，不論孩子如何回應，她都需要能夠保持一個平行、和諧的狀態，才有辦法與孩子好好談話。

原來惠雅的過去帶著不被人重視的傷痛，若是沒有回到以前的場景，讓她與當年的自己和解，很有可能這個「不值得被愛」的傷會伴隨著她的討好姿態繼續下去。

我們的姿態大多從原生家庭裡學習而來，並且會在我們的世界觀做好設定。惠雅父母真實的想法未必真的認為「惠雅沒有價值」，但惠雅自己的腦袋已然這麼認定了。

深刻對話的目的在於讓人重新調整腦袋的設定，把身體的體驗加進來，用不同的視角來重新詮釋這個世界。一旦我們可以看見自己身上的資源，就有機會改變我們的世界觀、價值觀，做出更合宜的應對。

和解與否都是自己的選擇

從前面的故事看來，只要我們願意回過頭，為自己找到那個烙印已久的印痕，看看以前的我們是怎麼樣被設定的，就有辦法開始改變既有的慣性姿態。每個人都有選擇，只要願意承擔每一個選擇之後的結果，我們都可以得到自由。

過去的每一個事件雖然帶給我們影響，那些事件已經無法改變，但其實我們可以改變看待過去經驗的方式，進而轉化成一個美好的資源，只要我們有足夠的覺察力。

我的朋友喬喬是個成功的職業女性，不久前從外地嫁到台北，遠離了原生家庭。以前的她為了事業在世界各國打拚，但在婚後很努力想要扮演好太太與兒媳婦的角色，只要回台灣，就會儘量花時間陪伴家人。只不過在事業與家庭之間想要取得平衡，總是存在很多困難。

某次喬喬因為需要出差離家一個多月，她的先生請婆婆到家裡幫忙照顧孩子。喬喬知道婆婆會來幫忙照顧孩子，也覺得安心一些。過了一個多月，喬喬回到家中，看見自己不到三歲的寶貝兒子，才想要上前擁抱，兒子卻突然止步，臉上不見任何熱情，把這個久未見面媽媽視作陌生人一般，不願意親近。

喬喬倍感失落，怎麼兒子就這樣對媽媽見生呢？

不僅兒子帶來衝擊，當喬喬舉頭環顧家中，也發現這個家裡的擺設與她離家之前完全不同，原來是婆婆在家裡住的這一段期間把擺設都改動位置了。

她對這個家裡的人感到很陌生，對於這個家，也同樣陌生。不禁悲從中來，一個人不吭氣地坐在餐桌前，眼神呆滯。

先生見狀趕緊上前安慰：「你還好嗎？怎麼了？需要談一談嗎？」

「我現在不想講話，你走開。」喬喬心中有怒，連帶語氣都無法和諧。

「要聊一下嗎？」先生殷切。

「我想靜一靜！」喬喬提高音量。緊接著自己走回房間，大力關上門扉，躲在房間裡暗自哭泣。

當時，「我心裡還不斷暗罵先生，怎麼不會進來安慰我？」「女人有時候就是這麼討厭對吧？明明是我叫我先生別對我說話的。」喬喬自嘲地說道。

喬喬小時候住在鄉下，父親為了讓她能夠有多的機會得到大城市的洗禮，在她十歲左右把她送進城市裡的姑姑家借住。在城市裡上學，為的就是獲得更好的教育，讓喬喬有機會創造更好的未來。

喬喬不負眾望，在學校一直保持優異的成績，卻在大學聯考那一年失足了。她的分數不甚理想，沒有考上第一志願，在落點預測時就知道這次考差了，沒有達到家人和自己的期待。

她從外頭回到家中，爸爸媽媽忙不迭地詢問：「考得如何？」

喬喬沒有答腔，只是一股腦兒回到房間裡哭泣。依稀還聽到親戚打電話來問她考得如何，只聽得媽媽回覆說：「考差了，在房裡待著呢。」

頓時之間，喬喬感覺到辜負了所有人，爸爸當年為了讓她好好學習，還送她去姑姑家長住，費盡心力只想讓她出人頭地，她怎麼這麼不爭氣呀？

邊想邊覺得心酸之餘，喬喬不斷用頭撞牆，發出砰、砰、砰的響聲，直到爸爸媽媽進房裡看見她下意識地敲撞牆壁，趕緊阻止了她。

她見到爸媽後放聲痛哭。

喬喬說，當時覺得自己像是陌生人一樣，大家都只關心她的考試成績，好像不關心她這個人，而這個家中的樣貌也因為長時間不在家，突然令她感到陌生。

喬喬說自己躲回房間哭泣的時候突然聯想到童年這一幕。驚覺自己過去的記憶被觸發了，那股陌生感襲身而至，她只感覺到孤單和悲傷。

然而，喬喬也知道那一切都發生在過去，與現在的她無關，她決定做出一點不同的改變。

喬喬走出房門，打算與先生好好聊一聊。當她步出房門，她看見先生正在忙著將家裡的東西歸位，也剛從後陽台走進來。

「我把衣服都收好了，就想來與你說話。剛剛我還在想，要怎麼樣才能與你好好聊一聊，不會讓你更失落，我其實很心疼你。」喬喬的先生沉穩地說道。

聽到先生溫柔的語氣，又見到他也在忙著整理家務，喬喬百感交集，不禁流下眼淚來。原來不論是當年的爸媽也好，或現在的先生也好，這些都是關心她的家人，在她失落、孤單、不如意的時候，他們都會在這裡陪伴，她自始自終都不是一個人孤軍奮鬥，她是被愛包圍的幸福之人。

喬喬說到此處，眼眶泛淚，聲音抖動，我也大為感動。**原來愛如此地近，只是我們不覺察。**

回到菜菜子的身上，我相信和解與否不是真正的議題，因為觀察細膩的菜菜子已經知道那趟小旅遊是媽媽的善意，而爸爸與菜菜子在一起的時光也是難得的獨處記憶。我想多數人真正想知道的是，如果內心想要與爸爸媽媽連結，過去的那些記憶是否會成為這條連結道路上的絆腳石？

改變看待過去經驗的看法，每一個當下，我們都可以重新體驗一個新的經驗，並且做出最適合自己的決定。

這不但是為了連結自己的渴望，同時也是給自己的孩子最好的示範。

走出內在黑洞

關於和解與原諒，其實負面的經驗是一種自我提醒。除非我們主動整理創傷經驗，否則這些會變成碎片化記憶，時不時跳出來重演。

然而不管別人怎麼勸說，其實掌控權在自己手上，不想這麼快忘記負面經驗也是可以的，選擇不放下、不原諒，也不代表自己比別人差。

「原諒」的速度沒有誰比誰快的問題，時間長短都是自己掌控。如果認為「有些事就是無法放下」，那就先接納這樣的自己。

原諒之後，也不代表我需要與這些人重新連結，有些人留在過去就好。我們可以繼續朝著自己的人生設定前行，將過去的事當成生命中的養分。

覺察的黑洞

愛自己的第一步

生命當中有很多期待是無法被滿足的，
面對家人爭執、吵鬧，或是孩子不聽從自己的話，
我們可能都會挑起情緒的波浪。
不去面對這個情緒之流，就無法真正體驗愛的渴望。

親愛的崇義老師：

在學習自我靠近的歷程中，常常聽老師們提到，「覺察」是學習愛自己的第一步。這個動作能讓人更了解自己，也是好多夥伴練習的方向，讓我們能夠脫離慣性，找到新的迴路。

在這樣一個全民覺察的時代，我的一個朋友小敏，卻決定要逆向行駛。她告訴我：「我決定要恢復以前的生活，不要練習覺察了。」

這種決定我第一次聽到，非常好奇小敏背後的故事。

小敏慢慢地說：「我從小就是個敏感的人，天生似乎內建了一條天線吧！我可以充分感受這個世界，不只喜怒哀樂，甚至更細微的一點都感覺得到，也因為這個特質，讓我避過了家庭裡許多的災難。

「比如回家看到爸媽，他們臉色一不對，我馬上就能感應到大難臨頭，果然，爸媽吵架了，而我老早在戰爭爆發前就把自己藏好。小小的我總是躲回床上，用枕頭摀住耳朵，有時還大聲唱歌，這樣就可以不去聽那些爭吵的聲音。因為沒有兄弟姐妹，我只能活在自己的世界裡，其實也沒什麼不好。第二天走出房門看看爸媽的臉色，如果他們和好，我就可以喘一口氣；如果還是面色鐵青，我就皮繃緊一點。

「十五歲那年，他們終於離婚了，說真的，我沒有特別的感覺，他們離婚那天，我還能與同學有說有笑。爸爸離開了家，單身後的媽媽變得喜怒無常，我從小鍛鍊的『沒感覺』更是保護我，隔絕了媽媽的負能量，她的抱怨與哀傷，我總能像看默劇一樣，看著她嘴巴在動，卻進不了我的耳朵，彷彿特異功能。那幾年我就像遊魂一樣，能把思緒帶出身體外。與媽媽生活了幾年，終於我也長大了。」

聽到這裡我明白，小敏的逃避情緒，是她能夠長大的武器。我既心疼也讚嘆這樣的生命力，就好像活在黑暗中的一株植物，拚命地找到那點點陽光，即使是用長歪的方式，也要去看看哪裡有縫隙可以成長。

小敏接著說：「長大後，我不覺得我的生活有什麼不好，每當有不開心的事，我就去看電視或吃東西，不要想它們就對了。最好的方法，就是看一部好笑的電影讓自己笑一笑。笑久了、假裝久了，也就真了，似乎自己是開心的。隔天情緒淡了一點，不去想就沒事了。

「雖然偶爾覺得這樣是不是渾渾噩噩呢？但起碼太陽總是又升起，日子一天接著一天過。」

的確，慣性的生活，即使覺得空白、不甚滿意，但總有一種熟悉感，或說是一種安全感。尤其是從小在感情上孤獨無依的小敏，又遇上長年感情不睦的父母，逃避現實的確是年幼的她僅有的選擇，也成了她習慣的選擇。

但生命的課題不斷地驅使改變，小敏當媽媽了，面臨到教養孩子的議題。

母親這個工作，並沒有小敏想像得容易，孩子並不是吃飽睡飽就會長大，那是一個有靈魂、有感情的個體，小敏的孩子也完整遺傳了母親的敏感，自小就不太好帶。嬰兒時期比別的孩子更容易哭泣，挑戰著小敏的神經極限，長大了一點去上學，也面臨了許多分離的焦慮不安。

小一新生的時候，小敏載著小孩去學校，每到最接近學校的轉角，孩子就開始嘔吐。小敏還為此看了好一陣子的身心科，總到那個轉角就神經緊繃、背脊發麻。

小敏最近遇到的困難是，新學期分了新班級，孩子因為不習慣新同學與老師，在校門口可以哭泣幾個小時，無法進到教室，非得要小敏跟著一起進教室。班上的同學用異樣的眼光看著小敏與孩子，她再也無法漠視這樣的生活情況，想要改變。

為母則強，小敏為了孩子，進而決定學習。沒想到第一步就遇到了挫折。

原本將情緒藏得滴水不漏，現在卻必須將它們逐一感知一遍。每一個感受像妖魔鬼怪一樣放大好多好多，真的很不舒服。

小敏說：「要去看見與感知這些情緒，真的很不舒服。我在想，如果靠近感受的最終結果，是會變得平靜，那與之前那樣漠視逃避的結果，又有什麼不同？」

這番話，聽起來似乎有道理，卻又哪裡怪怪的。

情緒就如同身體的警報器，忠實地報導現在內在發生了什麼事。原本的小敏幾乎是關掉警報器的聲音，不去聽、不去看，外表的世界好像很平靜，如同她長年看著媽媽上演悲戚的默劇。

但現在學習了覺察，要她去傾聽這身體的警報器鈴聲，原來這麼大聲。她的不舒服可想而知，重新面對的害怕與陌生，都挑戰著她。

「改變這條路，真的太遙遠了，我看不到終點。」講到這裡，我看到小敏的眼裡的淚光。

我們都知道，覺察自己是學習改變的第一步，缺少了這第一步，接下來的允許與接納無從著手，也難再靠近自己。

雖然說萬事起頭難，但這第一步實在太不舒服了，讓這條原本就需要堅持的道路更艱辛，是不是有比較好的方式，讓自己度過這起頭難的時刻呢？

✶ ✶ ✶

親愛的高麗菜菜子：

看到小敏的故事，讓我突然想起自己的經驗。

在童年時期，我幾乎是一個討好姿態下生存的孩子，很害怕父親或是兄長對我一絲絲的批評或是指責。每當他們撇了一下嘴，或是皺了一點眉頭，我心裡就開始撲通撲通跳，深怕自己是不是又闖了禍。

怪不得到了高中時期，能夠離開家裡，我就不想要回去，但另一方面的我又很想與家人連結，導致我的內在有很多的焦慮與不安，自相矛盾。

幾乎所有的心理學都在談論覺察的重要性，這是一門基礎卻又相當重要的功課。當我有能力開始覺察時，自然各種感受都會陸續回籠，這也是與自己靠近的開始。

當我學到更多後，我知道以前的經驗該留在以前，現在的我可以創造出新的經驗，給予自己更多不一樣的感受，這也是善於覺察帶來的好處。接下來，我們就來談談如何運用這個每個人都與生俱來的能力吧。

選擇適合自己的道路

小敏提出：「如果靠近感受的最終結果，是會變得平靜，那與之前那樣漠視逃避的結果，又有什麼不同？」

老實說，很多人會有類似的邏輯迴圈，主要原因就是「我想要改變，但改變的時候太痛苦，所以還是算了」。

這個迴圈與以前我們做的決定很像，小時候成績不理想時，我總為自己加油打氣，並且訂定學習計畫表。在學期開始時，我看著自己訂的計畫表就覺得志得意滿，總認為自己可以在新的學期得到很好的成績，但新計畫通常僅僅執行一天，之後我就放棄了。因為在書桌前很難長時間專注念書，到頭來，自己想要完成的功課與讀書計畫都無法貫徹到底，每每半途而廢。

不知道你小時候是不是與我有過類似的經驗，想要專心讀書卻又中途止步，一方面自己覺得懊惱，怎麼做得不到位；另一方面又覺得改變太難，還是回到以前的舊習慣比較舒服。

如果平心而論，我想要好好念書、做出改變嗎？答案當然是肯定的，只不過我做不到全神專注、貫徹計畫。

確立一個人的目標在此變得非常重要，可見大多數人的「不願意改變」，並不是因為不想達到自己的目標，而是無法掌握、忍受那個過程，或是心裡有很多的抗拒。

「不想要覺察」其實是一個假議題，因為那不是目標設定的終點。我猜想，小敏希望的是放手讓孩子能夠獨立自主，並且培養孩子的耐挫力。

如果改變會是一件棘手且不舒服的事，我想要問，小敏為何一開始會想要改變呢？她可以選擇維持原本的慣性嗎？她可以掌握自己的選擇嗎？她是自由的人嗎？

家族治療先驅薩提爾女士認為每個人都擁有自由，也都能自己決定要做什麼。即便一個人身處於困頓境地，也都有著各種選擇。當然，每個選擇的背後代表的就是對這些決定之後的承擔。

倘若小敏設定好目標，希望透過學習帶給孩子一個更好的教養環境與方法，接下來她會面臨到的問題，便是如何透過覺察靠近自己感受了。

感受就像是涓滴的河流，隨著情緒迴路激發後，流竄全身。

在過去只重視理智的年代，我們不大允許情緒的流動，就像是築起水壩一樣，將感受關在偌大的水庫裡。如果沒有適時洩洪，水庫終有一天會漫溢四流，甚至潰堤。其實這也是為什麼小敏過往習慣以關閉感受來回應這個世界，即便她可能知道這一條關閉感官的道路無法讓她生活得更自在。

如果小敏學會如何打開閥門，並且慢慢接納這些感受帶來的衝擊與豐沛能量，讓這條河流正常的流動，人就會體驗到源源不絕的動力，轉化成前進的動能，而感受也會自然地來，自然地離開。

在體驗感受的時候，我們可以告訴自己：

「我會好好感受自己的感覺，這些感覺像河流般流動。」

「當我愈靠近這些感受，我愈能看清感受的面貌，也不再畏懼感受帶來的力量。」

「不論感受的洪流多凶猛，它們總會過去的。」

「面對最難以承受的情緒，我仍然可以運用工具協助自己度過，像是一葉不翻船的扁舟，可以乘風破浪而行。」

「即便過程很難受，我也依然存在，直到風平浪靜。」

看見感受（See it）、承認感受（Acknowledge it）、允許感受（Grant it）、接納感受（Embrace it），合稱為「SAGE」，我們會獲得這條河流帶來的力量。

臣服在河流的力量裡

小敏談到童年時期父母親的爭執讓她受不了，她會摀住耳朵甚至大聲唱歌來隱藏在自己的世界裡，這樣的方式讓小敏擁有了一項「躲避」的能力，只要遇到事情，她仍可以運用這項技能來安穩生活。

然而，如果純粹靠躲避就能使自己的生命更圓滿、豐沛的話，那麼為何她還想要為自己的孩子做出不一樣的改變呢？我們是不是可以聽聽看，每一次外在衝擊來襲時，內在會有哪些情緒的起伏，它們是否也有自己的聲音呢？

我們如果無法靠近內在波濤洶湧的自己，又如何靠近自己的孩子呢？內在情緒串起的巨大海浪，我們無法永遠直立海中與之抵抗，或是試圖逃跑，因為洪流需要一個出口來宣洩。

尤其是我們的生命當中有很多期待是無法被滿足的，面對家人爭執、吵鬧，或是孩子不聽從自己的話，我們可能都會挑起情緒的波浪。不去面對這個情緒之流，就無法真正體驗愛的渴望。

我記得某一次上課，有一位學員小文，她也會慣性逃避情緒，導致後來自己隱隱覺得很不對勁，但又說不上來發生了什麼事。

小文一向埋頭工作，不放棄任何機會的她，雖然受到長官的賞識，但始終覺得無法融入人群，一直有種置身事外的疏離感。

我在工作坊裡透過對話引導，使小文漸漸卸下心防，讓她說出自己的困境。

幼年時期，小文的父親長年酗酒，使母親暴露在家暴的威脅裡，而她則是在擔心、恐懼中度日。在小文十三歲的某一天，父親醉醺醺地回家，與母親大吵一架，還動手傷了母親。小文陪著母親進入了急診室，診療完之後隨著母親到其他親戚家「避難」。

這樣的生活日復一日，致使小文的內心逐漸封閉。在她上了大學離開家之際，她邊收拾行李，也邊慶幸自己可以遠離這個令她難堪的家庭。

「當時開心嗎？」我問。

「很開心，但其實也很悲傷。」小文說。

小文並不是不愛她的父親與母親，而是這一切都被恐懼不斷籠罩著。

剛上大學時，小文的父親還曾經來探視她，雖在女生宿舍有諸多不便，為了讓父親留下來過夜，她只能請父親打地鋪。為此小文事後回想，她怎麼如此不孝，讓父親睡在冷冰冰的地板上。

大二時，家中傳來噩耗，父親因病離開了。

小文的天地無限旋轉，那個她想要親近、想要依靠的男人永遠無法再出現在她的面前了。

「父親酗酒，經常讓家庭陷入風暴，你怎麼還會想靠近他？」我問。

「他清醒的時候，我仍然覺得他是愛我的。」小文說。

原來，父親代表的除了是風暴中心，同時也是微弱的溫暖燭光。

「爸爸離開了之後，你發生了什麼事？」

「我崩潰了，從那個時候開始，我封閉自己的內心，關掉自己的感覺。我有了憂鬱症。」小文邊陳述邊掉眼淚。

永遠得不到的父愛，多麼的痛呀。

「童年時父親酗酒，造成媽媽的傷害，還有對你的忽略。這是你的錯嗎？」我問。

「不是。」小文搖頭。

「父親來探訪你，不得已睡在地上，這是你故意希望父親受罪的嗎？」

「也不是。」

「嗯，所以，這些都不是你的錯，是嗎？」

「嗯。」

「那麼，後來你走出來了嗎？」

「畢業之後，我認識了一個男孩子，我找到了生命的依靠，但是我發現，我並不知道怎麼樣去愛一個人，所以很多時候還是覺得很孤單，為此也有不少的爭吵。」

小文雖然經歷愛情的洗禮，但不是委屈自己，就是遇人不淑。父親離開之際，她心裡對自己不斷告誡，不要再讓自己受傷了，不如更專心在工作與學習上。父親的過世，像是帶走小文心中最後一丁點對愛的渴望。

一個沒有體驗愛的人，如何能懂得給予別人愛呢？我心想。

「對你而言，父親的離開，是一種永遠無法靠近父親的遺憾嗎？」我問小文。

「對。」

「如果他能聽到，你想對他說些什麼？」

小文流著眼淚，腦袋持續思考著。她想了一會，吐出幾個字。

「爸，對不起，我很不孝，我雖然很恨你，但我也很愛你。」

說完，小文的眼淚像是止不住的水龍頭，現場的夥伴也宛如身歷其境，不少人拭著淚，心疼這個年輕女孩子，也讚嘆生命的毅力，可以一步步堅持到現在。

「看來父親對你的影響很大，雖然他酗酒造成家庭不睦，但你仍然渴望從他身上找到愛的印記是嗎？」

「對。」

「如果是這樣，我要問你一句：你值得被愛嗎？」

小文收起了一些眼淚，很快地回答我：「值得吧。」

我從她的表情判斷，她這個回應是頭腦慣性的回答，而不是肺腑之言。我邀請小文在這裡停一下，先做個深呼吸，然後請她感覺一下胸腔飽滿的氧氣，然後試著從胸口發出她內心真實的聲音。

「請你從心裡再回答我一次。你，值得被愛嗎？」

這次我的提問很慢，一個字一個字地讓小文知道，我期待她也能夠先經驗自己，再開口回答。

小文閉上眼睛，像是陷入一場暈眩，身體開始晃動。她的眼淚汩汩地湧出，沾溼了臉上的口罩。

緊接著她搖搖頭，緩緩說出：「我不值得。」

我嘆了一口氣，想起了電影《天才的禮物》。一個渴望被關愛的孩子卻時常感到孤單，生命的價值似乎不復存在，也不再有意義。即便是天才，也失去了存有的價值。

我邀請小文以一個成年人之姿，回到那個青澀的歲月與自己說說話，再利用冥想讓她聯想一個父親溫暖的回應，讓她漸漸能夠體驗愛的感覺。

頓時之間，小文身體開始抖動，喉頭開始打嗝。

一個長久不接近自己感受的人，出現顫抖、打嗝、流淚的反應，都是可以預期的，這也代表著她正開啟一條新的神經迴路，需要慢慢適應這個迴路帶來的不適感。

小文說，雖然身體有點不適應，但她能感受到身體逐漸放鬆，肌肉沒有像以前一樣僵硬了。

「如果可以，試著讓感受來吧，別再阻止它。」我說。

電影《奇異博士》（*Doctor Strange*）裡，蒂妲・史雲頓（Tilda Swinton）飾演的法師曾經打一個比方：人站在河流裡無法抗拒河流湍急的強大力量，只能臣服於河流，順流而下，並且藉著這個力量成就自己的能力。

過去的我們總是抗拒情緒，導致身體需要花費更大的力氣與之抗衡，沒過多久身體就會疲累並感覺到耗能，長此以往只會精神耗弱、體力不支。

學會臣服，人就有可能掌握了情緒的力量，為己之用。小文靠近自己的道路才剛開始，可能還需要很長時間才能學會真正的接納與關愛，但如同她本身在逆境中培養的勇敢、堅持等資源一般，我相信她會走到彼端。

回到天性善感的小敏身上，從小到大雖然善用逃避的技能，同時也累積了很多豐厚資源，否則她無法成長至今還能夠獨當一面帶著孩子長大，只不過，她是否能夠正視自己的資源，也去靠近那個內在情緒起伏的自己呢？

找到前進的資源

研究創傷與療癒的書籍和紀錄都表示，我們大腦對於過往經驗有著許多無可抹滅的印記。當我們不斷鼓勵一個人克服害怕去接觸人群之前，我們更應該先理解為何人會躲在自己的角落裡，不願跨出那一步。敏感的小敏很顯然就是慣於待在自己的安全區裡，不想讓自己暴露在不舒服的場域之中。

前一段時間，我接觸到一名學員，他的年紀還不到三十歲，明顯地可以觀察到在他的身體裡藏著許多未釋放的動能。他來到課堂上，約莫一天的時間裡，多數時刻保持沉默，但漸漸熟悉人群與安全的場域之後，他開始主動與夥伴們交談，並且提出他自己的問題。

年輕人第二天在課堂裡主動分享他與家人的互動，當他提到自己的父親早年就因為車禍身殘需要長年臥床，以及母親從他小時候就會經常言語暴力與情緒勒索時，他的身體開始出現晃動。

一般而言，課堂是個提供知識與體驗性活動的場域，並非提供療癒之所，當學員有了一點異狀之後，講師們多會在此多加核對，並且確保學員是在感覺安全的環境裡，自主性地發言。我會確認學員知道他自己此刻是處於當下，而非過去的事件裡。

年輕人說著說著，掉下了眼淚，身體也隨著左右擺動，然後雙手緊緊握拳，彷彿體內有著千軍萬馬，等待閘門一開，即可蜂湧而出。

隨後，年輕人嚎啕大哭了一場，胸口壓抑的氣息一波一波流淌出來。我只靜靜陪在身邊，留意他是否有其他的異狀，並且適時給予穩定的話語，作為他可以依附的力量。

不要小看簡單陪伴帶來的巨大力量，因為這是讓當事人能夠著力的浮木，哪怕只有短短時間，對當事人而言，在當下或是日後都有著無比的正向力量。

彼得．列文在《解鎖：創傷療癒地圖》（*In An Unspoken Voice: How the Body Releases Trauma and Restores Goodness*）一書裡提到處理痛苦情緒的有效策略之一，是協助案主找到與之相反的感覺。

「它存在於身體某特定區域、姿勢或細微動作裡；或助其找到與活潑、希望、力量與流動的情緒連結的關鍵……案主的情緒變化雖然發生於瞬間，治療師也要鼓勵他把焦點放在稍縱即逝的感覺上，以產生新的覺察；讓他在覺察過程中發現某個覺得能接受的安全島，讓情緒停靠在上面。」

我雖非治療師，但我清楚明白，過度的介入只代表自己內在的焦躁無法平復，也會破壞當事人對於安全島嶼的信賴感。

而傾聽朋友打開內在的那一扇門之前，我們還需要理解——過去的情緒性受創經驗會阻礙人們打開交流、連結的欲望。這阻礙的關鍵通常是：

一、獨處時更容易帶來安全感：人會因為細小的動作或語言激發威脅感，導致啟動自我防衛，並且喪失自我信任與信任他人的能力。這樣的人們在情緒受創之後會躲在自己獨處的角落裡，進入不受外在攻擊、威脅的安全模式裡。

二、害怕他人異樣的眼光：自我懷疑與低自我價值的傾向，會讓人擔心其他人是不是都在批判自己，也懷疑其他人是否都不喜歡自己。

三、社交互動之下的羞恥感：社交連結需要花費心力，而互動之後的挫折感更會加深自己內在的羞恥、失落。在負向循環之下，人們會開始懷疑自己是否真的值得別人關注、值得被良善對待。

四、情緒受創後無法回歸日常與人連結：當創傷印痕愈深，人愈有無力感，甚至在與人交談之後會愈覺得與社會脫節，彷彿自己不屬於這個世界。

我們周遭潛藏著不少受過創傷的朋友們，甚至我們自己都曾有形、無形地受到過去經驗的制約。

然而，人與人之間有著安全依附和連結，反而是療癒的一種過程。每一次的對話、互動、交流都創造著小小的安全基礎，會讓人們覺察到自己是值得被愛、值得受到關注的。漸漸的，信任、安全與真誠的連結就會形成一個大的安全島嶼，我們可以更跨出一步，正常釋放自己的情緒和能量。

如果不了解情緒受創或復原的機制，見到角落一族或是不善社交之人，還在用老方法鼓勵、勸導，甚或威脅，不但不會對當事人有幫助，有時更會瓦解當事人僅有的安全依附。

反之，我們可以輕輕觸碰他們內在敏感的區塊，讓對方稍微體驗過去事件發生時，心裡有哪些感受，然後聽對方陳述過去那些風暴之下的經驗，在旁邊陪伴就好。不用試圖以道理說服誰，只要我們夠穩定，就會是一個強力的安全島嶼。

再來，就是從生命成長經驗裡找尋能夠支持對方的內在資源。

我想說一個學員的故事。

這一天，我來到一個機構為一群剛準備就任新職的員工上課，他們年齡分布大約在二十五到四十歲之間，有些剛從學校步出社會工作，有些則是已經有了家庭孩子，中途轉職，現在才來受訓。

課程當中有位夥伴佳佳分享了她成長的故事。

佳佳從小與姐姐的關係很好，只不過媽媽經常拿她與姐姐相比，她在就讀中學的時候，媽媽曾經因為她的功課沒有起色而忽略她，導致她的心情沮喪低落，甚至一度想要離家出走。

當佳佳在分享故事時，還不時地提醒大家，這並不是媽媽的錯，而是她真的成績不好，心裡經常有著自責。

「佳佳，即便你在陳述這樣的故事時，你都還會顧慮到媽媽呀？」我向佳佳提問。

「嗯，我不希望媽媽被誤會。」佳佳說。

「佳佳，看來你是個體貼他人的女孩子。即便在故事裡，你也沒有說半句媽媽的壞話。你也擔心有人誤解她，是嗎？」

佳佳看著我，害羞地點點頭。

「這個體貼，會不會有時候帶來一點困擾呢？會不會偶爾也讓你忽略了自己呢？」

佳佳沉吟了一會兒，點頭示意。

一個人的特質有時候是一體兩面，美德的背後也有可能為自己帶來妥協與犧牲，只要我們能夠先看見、覺察，就有機會擺脫負面影響，讓自己在覺知的狀態裡頭，為自己負責。

我請現場的夥伴們聽完故事後也給予一些回饋，其中偉鋒回應讓我印象深刻。偉鋒說：「我很欣賞佳佳能夠大方地在課堂上與我們分享這個故事，尤其她與家人的相處，充滿著深厚的連結，我也很羨慕。」

我請偉鋒將他羨慕佳佳的原因說得具體一些。

「因為，我小時候與家人的相處並沒有像佳佳這麼密切。尤其與我爸爸的關係比較緊繃。」

「現在呢？與爸爸的關係還是緊繃嗎？」我問。

「現在比較好了。」

「怎麼轉變的？」

偉鋒靦腆地說：「爸爸從小就是家庭的經濟支柱，所以全家的人都怕他。他經常威脅家人，如果不聽他的話，就不供養媽媽和小孩了，讓我們自生自滅。」

偉鋒停了一下，繼續說道：「以前我因為還小，都是忍氣吞聲，也不願意與爸爸衝突，不過在我出社會賺錢之後，有能力照顧自己，再也不需要靠他了。有一次我與爸爸起了很大的衝突，大聲對嗆，連我媽媽都嚇到。

「從那一次開始，我爸爸講話就比較客氣，也沒有這麼咄咄逼人了。」

「聽起來，那一次吵架滿激烈的是嗎？」

「對，我差一點翻桌。」

「偉鋒，現在說到與爸爸吵架的那一段往事，你還會激動嗎？」

「會呀，印象還很深刻。」

我稍微在這裡停頓一下，請大家感受一下這場家庭風暴的場景，它給人帶來什麼樣的感官體驗。

「偉鋒，你回頭看，你怎麼評價當時那個偉鋒呢？」

偉鋒思考了一下，說：「滿勇敢的吧。」

回覆「勇敢」這兩字時，偉鋒的聲音稍微顫了一下。

一個長年受到父親權威宰制的孩子，在某一刻願意為自己挺身而出，甚至為了家人大聲發言，無疑是帶有勇敢的資源。

「偉鋒，你說自己勇敢的時候聲音不大一樣，怎麼了嗎？」我核對。

在我點出偉鋒自己的資源後，偉鋒突然大為震盪，眼眶泛淚，嘴巴卻沒有說話。

「偉鋒，怎麼了嗎？你評價自己勇敢，你相信嗎？」

偉鋒的內在，大概是一陣一陣的衝擊襲來，可能過往經驗加上小時候累積的情緒一下子湧上，變成決堤的水壩，他的眼淚撲簌簌地滑落臉龐。

過了一陣子，偉鋒才慢慢說：「我以前從來不會認為自己是勇敢的，給自己通常都是懦弱的評價，但經由老師這麼一說，我突然意識到，原來我並非沒有勇敢的一面，而是我選擇不去看見。」

「現在你看見了，是嗎？」我問。

「對！」

原來我並非沒有勇敢的一面，而是我選擇不去看見。這句話說得太好了，其實我們每個人都是帶有各種不同的面向，無法被簡單定義，但我們心裡的判官經常只看到單一特質就對著自己大加撻伐，殊不知，我們只是沒有打開覺察的眼，看見那個也曾經勇敢的自己。

「這對你來說會有什麼影響嗎，當你看見自己也勇敢的時候？」我繼續問。

「影響很大，我重新定義了我這個人，我更有能力去面對新的未知了。」偉鋒說。

看見，就有機會改變；覺察，就能為自己重新負責與選擇。或許是體貼，或許是勇氣，那都是我們身上自帶的工具，只要能夠透過對話引導，發現原來自己就擁有了強大力量，接下來的道路也就能順利踏出。

能夠從覺察到接納、從理解再到發掘資源，當我們面對孩子的時候，同樣可以運用這些能力帶著孩子走過風暴，如同自己航過驚濤駭浪一般，最終留下滿滿的漁獲。

走出內在黑洞

提供一個簡單的情緒清單，包含：**生氣**、**驚訝**、**恐懼**、**煩躁**、**挫折**、**孤單**、**害怕**、**尷尬**、**焦慮**、**緊張**、**內疚**、**懊惱**、**無助**、**著急**、**後悔**、**委屈**、**失落**、**心疼**、**悲傷**。

我們可以藉由清單上的情緒來覺察與靠近自己。在每一次衝擊事件的當下，練習先辨識自己的內在感受，如果能夠辨識出來，就先做一個深呼吸，然後在心裡面緩慢地告訴自己：

「我看見我的＿＿＿＿＿＿＿了。」（See it）

「我承認我有＿＿＿＿＿＿＿的感受。」（Acknowledge it）

「我允許我身體存在著＿＿＿＿＿＿＿。」（Grant it）

「我接納並且擁抱現在的＿＿＿＿＿＿＿。」（Embrace it）

最後再一次深呼吸，靠近各種狀態下的自己。

國家圖書館出版品預行編目 (CIP) 資料

內在黑洞：薩提爾帶你走過人生的困頓，與自我和解 / 李崇義，朱芳儀著．-- 初版．-- 臺北市：遠流出版事業股份有限公司，2023.11
面； 公分
ISBN 978-626-361-323-2(平裝)

1.CST: 溝通 2.CST: 自我實現 3.CST: 傳播心理學

177.1 112016306

內在黑洞

薩提爾帶你走過人生的困頓，與自我和解

作者——李崇義、朱芳儀

資深編輯——陳嬿守
主編——林孜懃
美術設計——王瓊瑤
行銷企劃——鍾曼靈
出版一部總編輯暨總監——王明雪

發行人——王榮文
出版發行——遠流出版事業股份有限公司
地址——104005 台北市中山北路一段 11 號 13 樓
電話——02-2571-0297
傳真——02-2571-0197
郵撥——0189456-1
著作權顧問——蕭雄淋律師

2023 年 11 月 1 日 初版一刷
定價——新台幣 380 元
（缺頁或破損的書，請寄回更換）

ISBN —— 978-626-361-323-2

遠流博識網
http://www.ylib.com
E-mail: ylib@ylib.com
遠流粉絲團
https://www.facebook.com/ylibfans